스펄전의 천로역정 강해

스펄전의 천로역정 강해

스펄전의 천로역정 강해

지은이 찰스 H. 스펄전
펴낸이 김종진
초판 발행 2026. 1. 23.
등록번호 제2018-000357호
등록된 곳 서울특별시 서초구 서초중앙로 24길 55, 401-2호
발행처 개혁된실천사
전화번호 02)6052-9696
이메일 mail@dailylearning.co.kr
웹사이트 www.dailylearning.co.kr

책값은 뒤표지에 있습니다.
ISBN 979-11-89697-58-7 03230

스펄전의
천로역정 강해

The Pilgrim's Progress

찰스 스펄전 지음

개혁된실천사

스펄전의 천로역정 강해

처음 "천로역정"에 관한 일련의 강연이 발견되었다는 소식을 들었을 때, 나는 큰 전리품을 발견한 사람처럼 기뻐하였다. 왜냐하면 "칼과 흙손(The Sword and the Trowel)"(찰스 스펄전이 창간한 잡지로서 19세기 영국 복음주의 역사에서 신학적, 목회적으로 영향력이 매우 컸으며 중요한 역할을 한 간행물임—편집주)의 지면을 풍성하게 한 뒤, 이 향기로운 꽃들을 모아 하나의 아름다운 꽃다발로 엮을 수 있으리라 기대했기 때문이다. 하나님의 자비로 그 기대는 이루어졌다. 거의 1년 반 동안 매달 "그림들(Pictures)"이 잡지에 실렸으며, 독자들에게 큰 호응을 얻었다는 풍성한 증거가 있다. 이제 그 모든 글들을 엮어 한 권의 책으로 내놓을 때가 마침내 되었다. 이제 그것이 여기 있다. 이것은 보석들이 꿰어져 찬란하게 빛나는 하나의 원형 장식과 같다.

이 책에는 세 개의 추가된 "그림들"이 수록되어 있다. 즉 "십자가 앞의 크리스천", "크리스천과 아볼루온", 그리고 "허영의 시장(Vanity Fair)"이다. 강연 전체 가운데서 이처럼 중요한 장면들에 대한 언급이 발견되지 않았다는 사실은 다소 놀라운 일이다. 그러나 그것이 곧 스펄전이 이 장면들을 지나쳤다는 뜻은 아니다. 아마도 당시의 기록이 남지 않았거나 원고가 유실되었을 것이다. 그래서 나는 스펄전의 설교집과 기타 저술들 속에서 적절하고 충분한 자료를 찾아보았고, 거기서 이 누락된 장면들에 어울리는 내용을 발견하였다. 메트로폴리탄 대예배당의 목사였던 스펄전은 존 번연을 깊이 사랑했고, 신앙과 사상과 언어에 있어서도 그와 매우 닮은 사람이었다. 그러므로 "크리스천이 시내 산 아래에 있을 때", "어려움의 언덕(Hill Difficulty)", "의심의 성(Doubting Castle)", "적은 믿음(Little Faith)", "뿔라 땅(Beulah Land)", "진리를 위하여 용감한 자(Valiant for Truth)" 등과 같은 장면들에 대한 "그림들"을 한 권 더 엮는 것도 충분히 가능할 것이다. 스펄전 도서관에는 그런 재료가 풍성히 남아 있음이 분명하다.

이 강연들이 주일 저녁 기도회 시간에 새 신자들을 세우기 위해 전해졌다는 내부적 증거가 있다. 설교자는 여러 차례 "여러분, 새로 회심한 분들이여"라고 부르며 친근하고도 직설적인 어조로 말했다. 그러나 나는 확신한다. 그곳에 있었던 신앙에 깊이 뿌리내린 성도들 또한 이 말씀을 열렬히 기쁘게 들었을 것이다. 이 책도 그러할 것이다. 여기에는 어린 신자를 위한 젖이 있고, 장성한 이들을 위한 고기가 있다. 그리고 그 고기는 어린 신자들도 맛볼 수 있을 만큼 부드럽고, 그 젖은 장성한 이들도 기꺼이 음미할 만한 것이다.

스펄전은 주석(註釋)의 예술에 있어서 탁월한 대가였다. 그의 글을 직접 읽은 사람이라면 누구나 설교나 기도만큼이나 그의 성경 해설을 기쁨으로 기억할 것이다. 그는 시편 주석서(The Treasury of David), 마태복음 주석(The Gospel of the Kingdom), 그리고 맨턴의 글에 대한 묵상집(Illustrations and Meditations, or Flowers from a Puritan's Garden)을 남겼다. 그리고 이제 이 책은 그가 "모든 산문시 가운데 가장 달콤한 작품"이라 불렀던 천로역정에 대한 그의 주석이다.

주석자가 저자와 마음이 깊이 통하는 사람이라는 점은 명백하다. 스펄전은 그 과업을 사랑하였다. 만일 스펄전에게 "당신이 가장 좋아하는 작가는 누구입니까?"라고 묻는다면, "존 번연"이라고 대답했을 것이라고 나는 확신한다. 그는 여러 차례 번연을 "내가 가장 사랑하는 작가"라 불렀고, 천로역정을 적어도 백 번은 읽었다고 기록으로 남겼다. 그 이유는 분명하다. 그들은 둘 다 "책 중의 책", 곧 성경을 사랑하였다.

스펄전은 이렇게 말한 적이 있다. "아, 여러분과 내가 하나님의 말씀 중심으로 들어가, 그 말씀이 우리 속으로 들어오게 되기를 바랍니다. 누에가 잎을 먹듯 우리도 말씀을 깊이 먹어야 합니다. 그저 표면을 기어 다니는 것이 아니라, 말씀의 속살까지 먹어 우리의 가장 깊은 곳에 채워야 합니다. 눈으로 글자를 훑거나 시적인 표현만 기억하는 것은 헛된 일입니다. 그러나 말씀의 영혼까지 먹어버릴 때, 우리는 성경의 언어로 말하게 되고, 우리의 문체가 성경의 모범을 닮게 되며, 무엇보다도 우리의 영혼이 하나님의 말씀의 향기로 가득 차게 됩니다. 존 번연이 그 좋은 예입니다. 그의 글을 읽어보면 마치 성경을 읽는 듯합니다. 그는 성경을 너무도 사랑하여, 그의 영혼 전체가 말씀으로 흠뻑 젖어 있었습니다. 그의 글은 시적이지만, 천로역정을 읽다 보면 '이 사람은 살아 있는 성경이구나!' 하고 느끼게 됩니다. 그를 찌르면 성경의 피가 흘러나올 것입니다. 그는 말씀으로 가득 찬 사람입니다. 사랑하는 여러분, 그의 본을 따르시기를 권합니다."

더욱이, 번연의 언어는 스펄전의 마음에도 맞았다. 그들은 같은 언어로 말하였다. 1862년, 번연의 무덤이 복원될 때 스펄전은 이렇게 말했다. "번연의 책들은 길(Gill)이나 오웬(Owen)의 책처럼 읽는 이의 체력을 시험하지 않을 것입니다. 그 책들은 즐겁게 읽을 수 있습니다. 번연은 단순한 색슨어로 말하고 썼으며, 구판 성경을 부지런히 읽은 사람이었기 때문입니다."

이 강연들은 분명 내 사랑하는 아버지께서 출판하려 하셨던 것이다. 실제로 그는 그 교정 작업을 시작하셨다. 다만 완결하지 못하신 것이 아쉽다. 그랬더라면 이 원고들은 훨씬 완성도가 높았을 것이다. 그러나 지금 우리는 그분이 실제로 설교하신 그대로의 음성을 거의 온전히 담고 있다. 그분의 어조는 이 짧은 문장들마다 또렷이 살아 있다.

만일 아버지께서 이 강연들을 직접 출간하시고 서문을 쓰실 수 있었다면, 아마도 그는 그때처럼 독자들에게 이렇게 권면하셨을 것이다. "여러분의 마음속에 존 번연을 위한 기념비를 세우십시오. 그가 가르친 진리를 받아 그의 후손이 되십시오. 그의 믿음 안에서 살아가며 그 기억을 푸르게 간직하십시오."

이 책을 읽는 모든 이가, 이 책이 해설하고 적용하는 그 위대한 저작을 사랑하게 되기를 바란다. 그리고 무엇보다도, 두 저자가 모두 그 안에 흠뻑 젖어 있던 그 '책 중의 책', 하나님의 말씀을 사랑하게 되기를 바란다.

토머스 스펄전

클래펌에서, 1903년

편집자 서문

목차

LOUIS RHEAD

제1장
크리스천과 함께 길을 떠난 유약

성경 다음으로 내가 가장 귀하게 여기는 책은 존 번연의 『천로역정』입니다. 나는 이 책을 최소 백 번은 통독했으리라 생각합니다. 이 책은 결코 질리지 않는 책입니다. 그 신선함의 비밀은 바로 이 책이 상당 부분 성경에서 뽑아 구성되었다는 데 있습니다. 말하자면, 매우 단순하면서도 인상 깊은 우화 형식으로 담아낸 성경적 교훈입니다.

나는 『천로역정』에 관한 일련의 강연을 해야겠다는 마음을 오래 품어 왔습니다. 왜냐하면 번연이 묘사한 인물들은 오늘날에도 살아 있는 대응 인물들을 가지고 있으며, 그의 말은 지금 우리 회중 가운데 있는 많은 이들에게 전할 메시지를 가지고 있기 때문입니다.

여러분이 기억하시듯, 크리스천이 "손에 책을 들고, 등에 무거운 짐을 진 채" "내가 어떻게 해야 구원을 받을 수 있을까?"라고 부르짖었을 때, "전도자(Evangelist)라 불리는 한 사람"이 다가와 그에게 좁은 문과 빛나는 빛을 가리켜 주었습니다. 이어서 번연은 이렇게 말합니다.

"그래서, 내가 꿈에서 보니, 그 사람이 달리기 시작했다. 자기 집 문에서 멀리 가지도 않았는데, 그의 아내와 자녀들이 그것을 보고 돌아오라고 울부짖었다. 그러나 그는 손가락으로 귀를 막고 계속 달리며 외쳤다. '생명! 생명! 영원한 생명!'(눅 14:26) 그는 뒤돌아 보지 않고 평원의 한가운데로 도망하였다(창 19:17)."

"이웃들도 그가 달리는 것을 보러 나왔다(렘 20:10). 그가 달릴 때, 어떤 이들은 조롱했고, 어떤 이들은 위협했으며, 다른 이들은 돌아오라고 외쳤다. 그중에는 그를 억지로 데려오려고 작정한 두 사람이 있었는데, 한 사람의 이름은 '완고(Obstinate)'였고, 다른 한 사람의 이름은 '유약(Pliable)'이었다."

크리스천은 그들에게 굴복하는 대신, 곧바로 자신과 함께 가자고 권했습니다. 완고(Obstinate)는 모든 권유를 조롱과 모욕으로 일축했지만, 유약(Pliable)은 쉽게 설득되어 따라나섰습니다. 그는 겉으로는 하늘나라를 향해 길을 나서는 것처럼 보이나, 그 속에 참된 신앙의 뿌리가 없기 때문에 곧 돌아서 버리는 사람의 전형입니다. 번연이 그려낸 그의 초상은 한 줄 한 줄이 진실하므로 우리가 주의 깊게 살펴볼 가치가 있습니다.

우선 주목할 점은, 처음에 '유약'은 '완고'와 함께 크리스천을 '멸망의 도시'로 다시 데려오려는 악한 목적에 동참했다는 것입니다. 마찬가지로, 가장 나쁜 사람들과 어울려 온 이들이, 하나님의 은혜의 직접적인 역사가 아니라 할지라도, 때때로 악한 친구들을 떠나 잠시 동안 그리스도의 제자들과 함께하는 경우가 있습니다.

이러한 유약한 사람들—오늘날에도 많이 존재하는 부류—은 주위 환경에 전적으로 의존합니다. 경건한 가정에서 태어났다면, 대개는 신앙을 고백하고, 심지어 높이 평가받으며, 수년 동안 신실한 그리스도인으로서의 명성을 지니기도 합니다. 그러나 반대로, 나쁜 친구들과 어울리게 되면, 쉽게 유혹에 빠져 술을 마시고, 욕설을 하며, 그들보다 더 강한 자들의 악한 행습에 휘말리게 됩니다.

이들은 남자라고 하기조차 어려운, 그저 파도에 휩쓸리는 해파리 같은 존재입니다. 참된 인간됨의 요소인 '견고함'이 결여되어 있습니다. 이 점에서, 완고(Obstinate)는 오히려 그것을 지나치게 가지고 있었습니다. 만약 '완고'와 '유약'을 합쳐서 한 사람으로 만들 수 있다면, 적어도 자연인 관점에서는 둘 중 어느 한쪽보다 훨씬 더 '진정한 남성다움'에 가까운 인물이 되었을 것입니다. '완고'는 온통 굳셈으로 가득했고, 유약은 전혀 없었습니다.

'유약'은 쉽게 빚어지는 성질의 사람이었기에, '완고'가 마음대로 다룰 수 있었습니다. 그러나 그가 '완고'보다 더 강한 사람, 즉 크리스천의 손에 잡히게 되었을 때는 달랐습니다. 결국, 영향력 면에서 크리스천을 당할 사람은 없습니다. 우리가 위임받은 진리에는, 거짓이 결코 맞먹을 수 없는 힘이 있습니다.

만약 누군가의 마음이 정말 유연하다면, 하나님의 은혜로 바른 길을 걷게 된 열정적인 그리스도인은 그 사람 위에 놀라운 영향력을 발휘할 수 있습니다. 크리스천의 영향력은 매우 강해서, '완고'가 조롱하는 중에 '유약'은 그를 꾸짖으며 이렇게 말했습니다. "내 마음은 내 이웃과 함께 가고자 합니다."

사실 크리스천이 많은 말을 한 것도 아니고, 특별히 영향력을 발휘하려 한 것도 아니었습니다. 그러나 이미 무언가가 '유약'에게 작용하고 있었습니다. 크리스천의 존재만으로도 사람의 마음에 미치는 힘이

                                              제1장 크리스천과 함께 길을 떠난 유약

있습니다. 더 나아가, 그 영향력은 점점 더 커집니다. 그래서 곧 유약은 한 걸음 더 나아가 담대히 이렇게 선언했습니다. "나는 이 선한 사람과 함께 가고, 그와 분깃을 함께 나누기로 작정했습니다."

그러나 여러분이 알아야 할 것은, '유약'에게는 크리스천이 등에 지고 있는 짐이 없었다는 점입니다. 이것은 그가 참된 순례자가 아니라는 증거 중 하나였습니다. 사람을 그리스도께로 이끄는 것은, 자신이 그분을 필요로 한다는 자각입니다. 비록 죄의 자각이 구원의 자격 조건은 아니지만, 그것이야말로 사람이 예수님을 신뢰하도록 이끄는 유일한 동기이며, 하나님의 은혜가 사람을 구주께로 이끌거나 몰아갈 때 사용되는 추진력입니다.

'유약'은 처음에 '멸망의 도시'가 멸망할 것이라는 말을 들었을 때 그다지 동요한 것 같지 않았습니다. 그러나 크리스천이 천국에 관해 참으로 아름답게 이야기하자, 거기에 뭔가 있을지도 모른다고 생각했습니다. 아니, 크리스천이 가족과 생업을 뒤로하고 먼 순례 길에 나설 정도라면, 분명 무언가 있을 것이라고 느꼈습니다. 그래서 자기도 크리스천과 함께 가는 편이 아마 더 나을 것이라고 판단했습니다. 그러나 그의 등에 짐은 없었습니다. 즉, 구주가 필요하다는 자각이 없었고, 이것은 천성의 도시를 향한 순례를 한다고 공언하는 사람으로서 시작부터 심각한 결함이었습니다.

또한 주목해야 할 것은, '유약'이 길을 따라나선 유일한 동기가 크리스천이 말해 준 "썩지 않고, 더럽혀지지 않고, 쇠하지 않는 유업"이었다는 점입니다. 어떤 설교자들은 천국에 대해 너무나 아름답게 말합니다. 그 복된 나라에 존재하는 "다시는 헤어지지 않는" 영광스러운 교제를 묘사하면서, 듣는 사람 절반은 "우리도 그곳으로 가야겠다"고 생각하게 만듭니다. 그들은 벽옥 성벽, 진주 문, 금길, 유리 바다, 보좌를 둘러싼 에메랄드 무지개 등, 요한계시록이 영적 의미로 전한 것을 문자적으로 받아들이게 할 만큼 묘사합니다. 감수성이 풍부한 사람들, 특히 유약한 성품의 사람들은 이런 묘사에서 영적 의미의 핵심은 붙잡지 못하고, 외형적인 껍질에 매혹됩니다. 그들은 그것에 만족하고, 매료되고, 홀리고, 사로잡혀서 여행을 떠나기로 결심합니다.

'유약'에 대해 솔직히 말하자면, 그는 시작이 매우 좋았습니다. 이미 말씀드린 대로, 그는 '완고'가 크리스천을 비난할 때 오히려 크리스천을 변호했고, 완고가 조롱을 자신에게 돌려 "뭐야! 또 다른 바보가 하나 더 있군"이라고 말했을 때도 전혀 움츠러들지 않았습니다. 이런 유약한 사람들 중에는 조롱과 웃음거리를 감수하며, 심지어 되돌아가기보다는 손해를 감수하는 이들도 있습니다. 만약 그들이 이것을 진정 "그리스도를 위하여" 한다면 좋은 일이지만, 종종 그것은 더 나은 보상을 얻기 위한 자기 이익의 동기인 경우가 많습니다. 결국 그들을 지배하는 것은 여전히 이기심입니다. 그들은 세상에서 좋은 것이라 할 만한 것을 조금 포기하지만—사실 포기하는 양도 많지 않습니다—아직 나타나지 않은 더 나은 세상을 얻기 위해 그렇게 합니다. 그러나 집이나, 형제나, 자매나, 아버지나, 어머니나, 아내나, 자녀나, 토지를 그리스도와 복음을 위해 모두 버리지는 않습니다. 그래서 그들은 그리스도의 참된 제자가 아닙니다. 그들은 작은 희생은 감수하지만, 천국을 얻거나 지옥을 피하기 위해서만 그렇게 하는 것입니다.

'완고'가 떠난 후, 크리스천이 '유약'을 대했던 방식을 주목해 보십시오. 아마 그는 그를 이전부터 알았고, 그가 얼마나 쉽게 휘둘리는

　　　　　　제1장 크리스천과 함께 길을 떠난 유약

사람인지, 얼마나 손쉽게 이리저리 꺾일 수 있는지를 잘 알았을 것입니다. 그럼에도 그는 그의 동행을 마다하지 않고 이렇게 말했습니다.

친애하는 여러분, 우리는 어떤 사람이든 그리스도께 나오도록 초대해야 할 의무가 있습니다. 그리고 그들 중 일부가 끝까지 가지 못하리라는 충분한 근거 있는 두려움을 마음속에 품고 있더라도, 할 수 있는 한 그들을 격려해야 합니다. 저는 영적인 일에 열심인 것처럼 보이는 젊은이들에게 "네가 끝까지 가지 못할 것 같다"고 말해 낙심시키는 것은 옳지 않다고 생각합니다. 오히려 우리가 할 일은 그들에게 이렇게 말하는 것입니다. "이웃이여, 나와 함께 갑시다. 그러면 내가 가는 길에서 당신도 같은 대우를 받을 것입니다."

복음의 그물을 채우는 일은 성령의 사역입니다. 우리의 임무는 그물을 던지고 끌어 올리는 것입니다. 좋은 물고기든 나쁜 물고기든, 그것은 우리보다 주인의 권한에 속한 일입니다. 크리스천은 아직 자신이 평안을 누리지 못하는 처지였지만, 다른 사람을 향한 칭찬할 만한 사랑을 가지고 있었습니다. 저는, 마음속에 은혜의 이차적인 역사를 경험한 이들이 다른 사람들도 자신과 같은 은혜를 경험하길 원하는 모습을 볼 때 참으로 기쁩니다. 자신의 양심에 괴로움을 갖고 있으면서도 남을 향해 동정심 있는 이 가난한 순례자의 열정과 긍휼을, 여러분 자신 속에 조금이라도 갖기를 힘쓰십시오.

그래서 '유약'은, 그 길의 모든 어려움을 잠시라도 헤아리거나, 그대가를 계산해 보지도 않은 채, 생각 없이 가벼운 마음으로 길을 나섰습니다. 그러나 자기 힘만으로 시작하는 자들에게 그 길은 언제나 너무 길게 느껴질 것입니다.

평원을 지나가면서, 크리스천은 자신이 경험한 "보이지 않는 것들의 권능과 두려움"에 대해 이야기하기 시작했습니다. 그러나 그 말이 시작되자마자 유약은 화제를 바꿨습니다. 그는 그런 주제는 알고 싶어 하지 않았습니다. 사실 그는 모든 것을 전적으로 육적인 의미로만 받아들였고, 보이지 않는 세계의 권능과 두려움에 대해서는 전혀 알지 못했으며, 알고 싶은 마음도 없었습니다. 그는 처음부터 자신의 관심을 끌었던 주제로 되돌아가 이렇게 말했습니다.

"이제 우리가 가는 곳의 일과 그곳을 어떻게 누릴 수 있는지, 그 내용을 좀 더 말씀해 주시오."

이 두 사람은 길을 걸으며 이야기하면서, 둘 다 제대로 이해하지 못하는 주제에 대해 많은 대화를 나누는 오류를 범했습니다. 물론 크리스천은 이렇게 말했습니다.

"당신이 알고 싶어 하니, 내 책에서 읽어드리겠습니다."

그들의 대화에는 칭찬할 만한 좋은 요소가 있었습니다. 그러나 그것이 언제나 초심자들에게 가장 지혜로운 일은 아닐 수도 있습니다. 성경을 읽고 그 내용을 이야기하는 것은 참으로 지혜로운 일이지만, 그것이 참된 영적 유익을 주려면 많은 기도가 함께해야 합니다.

     제1장 크리스천과 함께 길을 떠난 유약

저는 '유약'이 기도했다는 내용을 아무리 찾아봐도 없습니다. 그러나 크리스천에 대해서는, 그가 순례를 시작하기 전부터 이렇듯 기록되어 있습니다.

"그는 들판을 홀로 걸으며 때로는 책을 읽고, 때로는 기도하였다. 이렇게 며칠 동안을 보냈다. 어느 날, 그가 늘 하던 대로 들판을 걷고 있었는데, 책을 읽으며 마음속에 큰 고통을 느꼈다. 그리고 읽다가 전과 같이 외쳤다. '내가 어떻게 해야 구원을 받을까?'(행 16:30-31)"

'유약'은 달랐습니다. 크리스천이 책에서 읽어준 내용은 그를 슬프게 한 것이 아니라, 매혹시키고 기쁘게 했습니다. 그는 오직 천성의 나라만 생각했지, 자기 마음의 악이나 죄의 사악한 본성에 대해서는 생각하지 않았습니다. 이러한 것들이 크리스천에게는 강하게 다가왔지만, 유약에게는 전혀 와닿지 않았습니다. 그래서 그는 "함께 무릎 꿇고 자비를 간구합시다"라고 말하지 않고, 이렇게 말했습니다.

"좋은 벗이여, 이 이야기를 들으니 기쁩니다. 자, 더 속도를 냅시다."

맞습니다. 처음에는 이런 속 빈 사람들, 공허한 사람들만큼 열성적인 이들이 없습니다. "속도를 냅시다"라는 그의 권유는, 물론 본질적으로는 좋은 조언이지만, 그런 입에서 나오는 것은 달갑지 않습니다. 죄의 무게를 마음속에 느껴본 적도 없고, 하나님의 율법이라는 망치

아래 부서져 본 적도 없으며, 자신의 무가치함과 아무것도 아님을 느껴본 적도 없는 자의 말이기 때문입니다.

당신이 공허하다면 빨리 걸어도 됩니다. 마음에 죄의 짐을 느껴본 적이 없다면, 달리기도 쉬울 것입니다. 유약은 언제나 서두르고, 소란을 일으키고, 열광적인 분위기를 만들고자 합니다. 그는 부흥집회에 참석하는 것을 좋아하며, 그 집회가 길어지기를 원합니다. 그 기운이 오르면 밤새 깨어 있고, 집안을 온통 뒤집어 놓고, 온갖 특별한 일을 하려 할 것입니다. 이는 자신이 얼마나 열정적인지를 보여주려는 것입니다. 그러나 잠시 후면 다 사라집니다. 그것은 가마 밑에서 마른 가시가 타는 것과 같습니다. 불길은 거세게 타올라 가마를 끓어넘치게 하고, 결국 불을 꺼버립니다.

"자, 속도를 냅시다"라고 유약이 말했습니다. 크리스천은 대답했습니다.

"내 등에 진 짐 때문에, 내가 원하는 만큼 빨리 갈 수 없습니다."
그들이 이렇게 대화를 마치자, 번연은 말합니다.

"그들은 평원 한가운데에 있는 아주 질퍽한 늪지에 다다랐는데, 부주의하게도 둘 다 갑자기 그 진흙 구덩이에 빠져 버렸다. 그 늪의 이름은…"

     제1장 크리스천과 함께 길을 떠난 유약

제2장
늪에 빠진 두 순례자

말은 많고 기도는 적으며, 가는 길을 전혀 주의하지 않았기 때문에, 크리스천과 유약은 갑자기 '절망의 늪(Slough of Despond)' 속에서 허우적거리게 되었습니다. 번연은 이렇게 기록합니다.

"그래서 그들은 한동안 그곳에서 뒹굴며, 흙탕물에 심하게 더럽혀졌다. 특히 크리스천은 등에 진 짐 때문에 진흙 속으로 가라앉기 시작했다."

그때라도, 어디를 보아야 하는지 알았더라면, 율법을 주신 분의 지시로 늪 한가운데에 튼튼한 발판들이 놓여 있었다는 것을 발견했을 것입니다. 만약 그 발판 위에 발을 디뎠더라면—다시 말해, 하나님의 약속을 신뢰했더라면—거의 옷에 흙 한 점 묻히지 않고 반대편으로 건널 수 있었을 것입니다.

저는 늘, 불쌍한 크리스천이 절망의 늪에서 겪은 어려움에 대해 부분적으로는 '전도자(Evangelist)'에게도 책임이 있다고 느낍니다. 저는 존 번연을 매우 사랑하지만, 그를 무오한 사람이라고 믿지는 않습니다. 최근에 번연에 관한 흥미로운 이야기를 들었습니다.

에든버러에 한 젊은이가 있었습니다. 그는 선교사가 되고 싶어 했습니다. 그러나 그는 지혜로운 젊은이였기에 이렇게 생각했습니다. '내가 선교사가 되어야 한다면, 굳이 집에서 멀리 떠날 필요가 없다. 에든버러에서 선교하면 되지 않겠는가?'—여기서 우리는 여러분 중 전도지를 동네에 나누어 주면서, 정작 집 하녀 메리에게는 한 장도 주지 않는 분들에 대한 힌트를 얻을 수 있습니다. 어쨌든, 그 젊은이는 첫 번째 만나는 사람에게 복음을 전하기로 결심했습니다. 그러다 그는 노련한 생선 장수 아주머니들을 만났습니다. 한 번이라도 그들을 본 사람은 결코 잊을 수 없을 만큼 인상적인 여성들입니다.

젊은이는 다가가 이렇게 물었습니다.

"등에 무거운 짐을 지고 가시네요. 혹시 또 다른 짐, 영적인 짐도 가지고 계신가요?"

아주머니가 되물었습니다.

"그 짐이란 게, 존 번연의 『천로역정』에 나오는 그 짐을 말하는 건가요? 만약 그렇다면, 젊은이, 나는 아마도 당신이 태어나기도 전에 그 짐을 벗어버렸을 거예요. 하지만 나는 그 순례자보다 더 나은 방법을 택했죠. 번연이 말한 그 '전도자'는 복음을 전하지 않는 목사 중하나였어요. 그는 '저 빛을 눈에 두고, 좁은 문으로 달려가라'고 했죠. 하지만, 달려갈 곳은 그곳이 아니었어요. 전도자가 말했어야 할 것은 '저 십자가가 보이나요? 당장 저기로 달려가시오!'였죠. 그러나 그는 불쌍한 순례자를 먼저 좁은 문으로 보내버렸고, 그 결과가 어떠했는지 보세요!"

젊은이가 물었습니다.

"그럼, 아주머니는 절망의 늪은 지나지 않으셨나요?"

아주머니는 대답했습니다.

"아, 지났죠. 하지만 등에 짐을 벗은 상태로 지나는 게, 짐을 진 채 지나는 것보다 훨씬 쉬웠다오."

그 아주머니 말이 옳았습니다. 존 번연은 짐을 벗는 시점을 순례의 시작점으로부터 너무 먼 곳에 두었습니다. 만약 그가 실제로 흔히 일어나는 일을 보여주려 했다면 올바르게 기술했지만, 마땅히 있어야 할 일을 보여주려 했다면 잘못한 것입니다.

우리는 죄인에게 이렇게 말해서는 안 됩니다.

"죄인이여, 구원받고자 한다면 세례 받으러 가시오, 좁은 문으로 가시오, 교회로 가시오, 이것이나 저것을 하시오."

아니오, 십자가가 바로 좁은 문 앞에 있어야 합니다. 우리는 죄인에게 이렇게 말해야 합니다.

"십자가 앞에 엎드리시오. 그러면 안전합니다. 짐을 벗어버리고, 십자가 발치에 누워 예수님 안에서 평안을 얻기 전까지는 결코 안전하지 않습니다."

이제 잠시 크리스천을 떠나, 그의 동행자 '유약'에게로 생각을 돌려봅시다. 절망의 늪에서의 경험은, 그가 순례를 시작한 후 처음으로 만난 시련이었습니다. 그리고 그것은 비교적 작은 시련이었습니다. 이 늪이 그들을 삼킬 가능성은 거의 없었습니다. 그것은 '절망 거인'의 감옥에 갇히거나, '겸손의 골짜기'에서 아볼루온과 싸우는 것에 비하면 아무것도 아니었습니다. 그것은 누구나 감당할 수 있는 수준이었

  제2장 늪에 빠진 두 순례자

지만, 유약이 감당하기에는 너무 큰 시련이었습니다.

번연은 그에 대해 이렇게 기록합니다.

"그러자 유약은 불쾌해하며 동행자에게 화를 내며 말했다. '이게 그동안 당신이 말한 그 행복인가요? 이렇게 시작부터 불행하다면, 이 길의 끝까지 가는 동안 무엇을 기대할 수 있겠습니까? 그 멋진 나라는 당신 혼자 가세요.' 그러고는 그는 필사적으로 몇 번 몸부림쳐서, 늪의 자기 집 쪽 언덕으로 기어 올라갔다. 그러고는 떠나버렸고, 크리스천은 그를 다시 보지 못했다."

이와 비슷하게, 큰 외적 시련 없이도, 단지 마음속 낙담만으로도 갑작스러운 냉기가 초기의 기쁨을 빼앗아 가고, 하늘나라를 향해 나섰던 자들 중 일부는 되돌아가 버립니다. 이것은 그들이 처음부터 올바르게 시작하지 않았으며, 하나님의 성령의 참된 역사가 그들 영혼에 결코 임하지 않았음을 드러내는 것입니다.

여러분 중 어떤 이들은, 이곳에서 예배에 참석하거나, 혹은 여러 성경 공부 모임 가운데 하나에서 동료들과 함께할 때 마음이 뜨거워지고, 흥분되고, 열정에 사로잡히게 됩니다. 그런데 그러다가, 시골로 가서 살아야 하는 상황이 생기는데, 이는 마치 온실에서 얼음우물로 나가는 것과 같아서, 여러분이 우리 가운데서 누렸던 그 행복한 경험을 곧 잊어버리게 됩니다. 혹은 어느 주일 아침, 위로하고 달래주는 설교를 듣는 대신, 제가 경각심을 주고 마음을 찌르는 설교를 하게 되어, 여러분이 상처를 받거나 두려워하게 되고, 순례자의 길을 가고자 하는 모든 마음을 버릴 수도 있습니다.

그러므로 저는 여러분에게 간절히 경고합니다. 단지 육적인 천국의 즐거움을 누리려는 욕망에서 비롯된 종교심을 경계하십시오. 지옥의 공포나 천국의 기쁨만으로는 영혼이 진정으로 구주를 찾게 만들 수 없습니다. 반드시 죄에 대한 자각과 거룩함에 대한 갈망이 있어야 합니다. 왜냐하면, 결국 지옥의 본질은 죄이며, 천국의 본질은 거룩함이기 때문입니다. 단지 지옥과 천국의 외적 현실 때문에 하나님께 나아가려 하는 일은 거의 없습니다. 오직 죄의 무게가 여러분을 짓누르고, 여러분의 영혼이 정결과 거룩, 하나님 닮기를 갈구하며 부르짖을 때에만, 여러분은 예수 그리스도를 믿게 될 것입니다.

하나님께서 우리 교회 안에 '유약' 같은 사람이 없게 하시기를 바랍니다! 그러나 안타깝게도, 우리는 때때로 그런 사람을 만나게 됩니다. 그들은 번연이 묘사한 것보다 훨씬 더 멀리까지 순례자의 길을 가기도 합니다. 그들은 '해설자의 집'까지 가기도 하고, '어려움의 언덕'을 오르기도 하며, 심지어 십자가를 지나기도 합니다. 하지만 당연하게도, 결코 그들의 짐이 등에서 떨어져 나가는 경험을 하지는 못합니다. 사실 그들은 자신에게 짐이 있다는 것조차 느끼지 못합니다. 신자들이 찬송을 부르면, 그들도 부릅니다. 왜냐하면 언젠가 자신들도 똑같은 유업을 받게 될 것이라 생각하기 때문입니다.

이런 사람들은 대낮에 '겸손의 골짜기'를 지나갑니다. 아볼루온이 결코 그들과 싸우지 않습니다. 그들은 왜 자신이 공격받지 않는지 의아해합니다. 오히려 스스로 착한 사람이라 여기고, 양심의 가책과 내적 싸움을 경험하는 다른 사람들을 나쁜 사람이라 생각합니다. 그들은 왜 우리가 신자가 겪는 치열한 내적 싸움에 대해 말하는지 이해하지 못합니다. 하지만 정말 주님을 알게 된다면, 그들은 곧 이 모든 것을 깨닫게 될 것입니다. 주님을 알기 전까지는, 우리의 설교 중 많은 부분이 그들에게는 여전히 수수께끼로 남을 수밖에 없습니다.

유약은 참된 경건을 전혀 알지 못했습니다. 그는 스스로 개종했거나, 아니면 크리스천이 천국에 대해 들려주는 이야기를 듣고 개종했습니다. 그는 '절망의 늪'이 없었다면, '무지(Ignorance)'처럼 바로 강가까지 가서 '헛된 소망(Vain-hope)'에게서 배를 얻어 타고 강을 건너갔을지도 모릅니다. 하지만 결국 문 앞에서 거부당하고, 두 빛나는 천사에게 온몸이 결박된 채 뒷문으로 지옥에 던져졌을 것입니다. 지옥에는 정문뿐만 아니라 뒷문도 있기 때문입니다. 어떤 사람들은 겉보기에는 천국 가는 길을 아주 멀리까지 간 것 같지만, 결국 이 문으로 지옥에 가게 될 것입니다. 그들이 죄를 회개하고 우리 주 예수 그리스도를 믿지 않는다면 말입니다.

그렇다면, 유약은 절망의 늪에서 간신히 빠져나온 뒤 어떻게 되었을까요? 번연은 이렇게 기록합니다.

"이제, 내가 꿈에서 보니, 유약은 이미 자기 집으로 돌아가 있었고, 이웃들이 그를 찾아왔다. 어떤 사람들은 그가 돌아온 것을 보고 현명하다고 했고, 어떤 사람들은 크리스천과 함께 모험을 감행한 것을 두고 어리석다고 했다. 또 어떤 사람들은 그의 비겁함을 조롱하며 '나 같으면 몇 가지 어려움 때문에 모험을 그만두지는 않았을 텐데.'라고 말했다. 그래서 유약은 그들 사이에서 기죽은 채 앉아 있었다."

거짓된 순례자가 되돌아가면, 세상 사람들은 그를 멸시합니다. 그를 '변절자'라고 부르는데, 이것보다 더 정확한 이름을 붙이기 어려울 것입니다.

그들이 말합니다. "얼마 전까지만 해도, 당신은 그 열심 있는 사람들과 함께 있었고, 겉보기에 그들만큼이나 열심이었는데, 지금은 어떻소?" 그러다 그 사람이 선술집에 들어가는 모습이 보이면, 세상 사람들이 이렇게 맞이합니다. "아, 점잖은 ○○씨! 다시 돌아왔소?" 그를 극장에서 보게 되면, "당신이 예배당에 마지막으로 간 것이 언제였소?"라고 묻거나, 그에 대해 천박한 농담을 던집니다. 그들은 멸시의 채찍을 휘두를 줄 압니다. 저는 그들이 그것을 사용하는 것을 감사히 여기며, 그들이 언제나 세게 내리치기를 바랍니다.

그러나 주목하십시오. 이 세상에서 '유약'이 견디기 힘들어하는 작은 멸시는, 그가 지옥에서 감당해야 할 것에 비하면 아주 가벼운 맛보기에 불과합니다. 여러분은 선지자 이사야가 지옥에 떨어진 바벨론 왕에 대해 묘사한 것을 기억할 것입니다. 바벨론 왕에 의해 멸망당한 모든 왕들이 불 가운데 누워 있다가, 그 위대한 정복자가 들어오는 것을 보고, 두려워하기는커녕 이렇게 비웃습니다.

"너도 우리처럼 약해졌느냐? 너도 우리와 같아졌느냐? 새벽의 아들 계명성이여, 어찌 하늘에서 떨어졌는가! 열국을 엎은 자여, 어찌

땅에 찍혔는가!"

　여러분이 '유약'처럼 되돌아간다면, 그것이 여러분의 영원한 형벌 가운데 가장 큰 고통이 될 것입니다. 왜냐하면, 여러분이 겉으로는 천국 가는 길을 출발했고, 그리스도인인 체했고, 십자가의 깃발 아래 들어왔다고 말했고, 자신의 신앙 체험을 많이 이야기했으며, 기도 모임에도 나갔고, 심지어는 소리 내어 기도하기도 했고, 전도지를 나누어 주기도 했지만, 결국은 단지 위선자에 불과하여 마침내 지옥의 불길 한가운데 서게 되기 때문입니다.

　하늘 도성을 향해 나섰다가 멸망의 도시로 되돌아간 '유약'이 되는 것보다는, 결코 성도라 주장하지 않은 죄인으로 멸망하는 편이 차라리 낫습니다. 하늘의 것을 맛본 듯 보이나, "주의 인자하심을 맛보지" 못한 자들은, 차라리 의의 길을 전혀 알지 못했더라면 나았을 것입니다.

　여러분은 반드시 '유약'이거나 참된 그리스도인이거나 둘 중 하나입니다. 여러분은 본래 성격이 주위 사람들의 영향에 쉽게 이끌리기에, 하나님의 은혜로 하나님의 자녀가 되지 않는다면 결국 그분에게서 멀어질 것입니다. 여러분은 '완고'가 될 수 없습니다. 우리가 흔히 말하는 '착하다'는 의미에서, 여러분은 너무 착하고, 너무 친절하며, 지나치게 마음이 부드러워, '완고'가 '크리스천에게 했던 것처럼 대할 수 없습니다. 여러분은 술을 마시거나 욕을 하지 않습니다. 어머니의 영향과 아버지의 본이 너무 강하게 작용하기 때문에, 완고한 자가 될 수 없습니다. 여러분은 다른 사람들처럼 죄를 지을 수 없습니다. 무지 가운데 죄를 지을 수조차 없습니다. 차라리 그럴 수 있기를 바란다고 말하고 싶은 심정입니다.

만일 여러분이 우리 주 예수 그리스도를 믿을 뜻이 없으며, 멸망을 작정했다면, 두로와 시돈처럼 멸망하는 편이, 벳새다나 고라신, 가버나움처럼 멸망하는 것보다 훨씬 나을 것입니다.

이 예배당에 들어올 때마다, 스스로 '유약'이라고 느끼는 분들이 있다고 저는 믿습니다. 제가 개인적으로 아는 몇몇은, 여전히 구원받지 않은 채 제 설교를 들으러 옵니다. 저는 그들을 겨냥하여 설교하고, 그들도 제가 그 사실을 아는 것을 알면서도 저를 존중하며, 심지어 감사하다고 말합니다. 가끔은 언젠가 회심하기를 소망한다고도 말합니다. 그러나 그들은 너무 유약하여, 설교 중에 울고, 형식적으로나마 기도하지만, 여기서 나가면 제 손보다 더 강한 손이 그들을 붙잡습니다. 어떤 친구가 "가자, 스펄전 말은 신경 쓰지 말고, 나랑 같이 가자"고 하면, 그들은 "안 돼"라고 말하지 못합니다. 경건하지 않은 자들이 이끄는 곳에 가지 않겠다고 말할 도덕적 용기가 없습니다. 죄의 유혹이 오면 언제나 굴복합니다.

그들은 유혹이 전혀 없는 세상, 선이 지배하는 세상에 있기를 바랍니다. 마치 돛단배가 모든 바람에 따라 이리저리 떠다니듯, 그들은 스스로 저항할 내적 힘이 없습니다. 그러나 이런 모습으로는 결코 천국에 갈 수 없습니다. 여러분은 바람과 파도를 거슬러 멀리 있는 항구를 향해 꾸준히 나아갈 수 있도록, 강력하게 일하는 하나님의 엔진 같은 내적 역동이 필요합니다.

하나님께서 은혜로 여러분을 이 복된 상태로 이끄시기를 바랍니다! 저는 오늘 여러분이 집으로 돌아가서 이 말을 잊지 않고, 곱씹고, 기도하며, 믿게 되기를 바랍니다. 차라리 "차라리 태어나지 않았더라

                              제2장 늪에 빠진 두 순례자

면” 하고 바랄 정도가 되기를 바랍니다. 그래야 “거듭나야겠다”는 소망을 가지게 될 것이기 때문입니다. 그렇지 않으면 아무 소망이 없습니다. 여러분은 한 번 태어났습니다. 그 사실을 피할 수 없습니다. 이제는 그리스도 예수 안에 있는 존재가 되기를 구하십시오. 여러분은 피조물입니다. 유일한 소망은 “그리스도 예수 안에 있는 새로운 피조물”이 되는 것입니다. 성령께서 여러분을 이 지점까지 이끌어 주시기를 바랍니다. 그분께 구하십시오.

죄에 대한 참된 자각을 얻을 가장 좋은 장소는 십자가 발아래입니다. 복되신 나의 주께서 그곳에서 여러분을 만나시고, 자신에게로 이끄셔서, 마침내 여러분이 구원받아 마지막 날에 유약들 가운데 발견되지 않기를 바랍니다. 아멘.

제3장
'도움'이라는 이름의 사람

"그러므로 크리스천은 홀로 절망의 늪 속에서 비틀거리게 되었다. 그러나 그는 여전히 자기 집에서 더 멀리, 좁은 문 곁 쪽으로 난 늪 가장자리를 향해 발버둥쳤다. 그리하여 마침내 그곳에 이르렀으나, 등에 있는 짐 때문에 늪에서 빠져나올 수는 없었다. 그런데 내가 꿈에서 보니, 어떤 사람이 그에게 다가왔는데, 그의 이름은 '도움'이었다. 그는 크리스천에게 '당신은 여기서 무엇을 하고 있습니까?'라고 물었다.

크리스천 : 선생님, 저는 '전도자'라 불리는 사람의 지시를 받아 이 길로 오고 있었습니다. 그는 저를 저기 보이는 문으로 가도록 안내했는데, 다가올 진노에서 피하라고 말했습니다. 그런데 그곳으로 가는 도중, 제가 이곳에 빠져버린 것입니다.

도움 : 그렇다면, 왜 발판을 찾지 않았습니까?

크리스천 : 두려움이 너무 심하게 뒤쫓아와서, 그저 가장 가까운 길로 도망치다가 그만 빠졌습니다.

그러자 그가 말하였다. '내 손을 잡으시오.' 크리스천이 그의 손을 잡자, 그는 크리스천을 늪에서 끌어내어 단단한 땅 위에 세워주

한 성령으로부터 나오는 은사들의 다양성에 따라, 초대 기독교 시대에 하늘 도성을 향해 가는 순례자들을 인도하는 자들은 서로 다른 직분을 감당했고, 다른 이름으로 불렸다. 사도 바울은 고린도 순례자들에게 보낸 첫 번째 편지(고전 12:28)에서 이렇게 말한다. “하나님이 교회 중에 몇을 세우셨으니 첫째는 사도요”—이들은 여러 곳을 다니며 교회를 세우고 사역자를 임명했다. “둘째는 선지자”인데, 어떤 이들은 예언을 전했고, 어떤 이들은 그 예언을 해석하는 은사를 받았다. 그리고 “셋째는 교사”였는데, 이들은 아마 여러 교회를 돌보며 순례자들을 하늘 길로 인도하는 목사들이거나, 혹은 ‘전도자’처럼 여러 곳을 다니며 만나는 사람들에게 경고하고 길을 안내하는 자들이었을 것이다.

그 다음으로는 “능력을 행하는 자들”과 “병 고치는 은사”가 나왔다. 그런데 바울은 또 다른 부류의 사람들을 잊지 않고 언급하는데, 그들이 바로 “돕는 자들(Helps)”이다. 이들이 정확히 누구였는지는 지금 시점에서 알기 어렵고, 어쩌면 완전히 불가능할지도 모른다. 순례 기록에 밝은 어떤 이들은, 그들이 정식 목사를 도와 심방이나 말씀 사역을 가끔 맡아주는 보조 사역자들이었다고 생각한다. 또 어떤 이들은 그들이 집사 또는 심지어 사도 시대에 인정받았던 여집사들이었다고 보기도 한다. 또 다른 이들은 이 “돕는 자들”이 예배 모임에서 새로 온 이들이 잘 자리잡도록 안내하고, 공예배의 모든 세부 사항이 원활히 진행되도록 관리하던 성전 봉사자들이었다고 추측한다.

그들이 누구였든, 어떤 일을 했든 간에, 사도와 선지자, 교사들과 함께 언급될 만큼, 또 능력을 행하거나 병 고치는 자들과 나란히 불릴 만큼 가치 있는 사역을 감당한 사람들이었음이 분명하다. 아마도 그들에게는 공식적인 직분이 없었을 것이고, 단지 그들 속에 있는 하나님의 생명이 불러일으키는 자연스러운 충동에 따라, 교사나 목사, 집사의 일을 기꺼이 도왔을 것이다. 그들은 교회 어디에서나 쓸모 있는 사람들, 언제든 빈자리를 메울 수 있는 사람들, 하나님의 교회를 위해서라면 어떤 낮은 자리든 마다하지 않는 사람들이었다.

오늘날 교회도 여전히 훌륭한 '돕는 자들'의 무리를 가지고 있다. 그러나 이들의 기억을 새롭게 하여 사역에 더욱 힘쓰게 할 몇 마디 권면이 필요할지도 모른다. 거룩한 비유뿐만 아니라 신자의 경험에도 능숙했던 존 번연은, 이 장의 머리에 인용된 본문에서 이 '돕는 자들'이 감당하는 가장 귀중하고 필요한 사역을 묘사했다.

'도움'이라는 이름의 사람은, 크리스천이 더러운 '절망의 늪'에서 허우적거릴 때 그에게 다가왔다. 가엾은 크리스천이 발 디딜 곳을 놓쳐 거의 질식할 뻔하고, 발버둥칠수록 더 깊이 진흙 속에 빠져 들어가던 바로 그 순간, 번연이 그의 이름 말고는 전혀 설명하지 않은 한 사람이 나타나, 격려의 말을 건네며 손을 내밀어 그를 늪에서 끌어내고, 왕의 대로 위에 세운 뒤, 자기 일로 떠나갔다. 그는 세상에서 이름 없이 살았으나, 하늘나라 기록에는 영혼 구원에 지혜로운 자로 등재된 사람이었다.

하나님의 생명 안에서 신중한 그리스도인 형제들의 도움은 매우 귀중한 때가 있습니다. 지금 확고한 소망을 기뻐하는 우리 대부분은, 그 무서운 '절망의 늪'에 대해 우리가 알고 싶은 것보다 훨씬 더 많이 경험해 본 적이 있습니다. 저 자신도 그 안에서 약 5년간 허우적거렸기에, 그 끔찍한 지형을 잘 압니다. 어떤 곳은 다른 곳보다 더 깊고 더 역겨운데, 다윗이 "설 곳 없는 깊은 수렁에 빠졌다"(시 69:2 참조)라고 부르짖던 지점이 바로 그런 곳입니다. 그곳에서 빠져나오면, 그는 세 번 복 받은 사람이라고 해도 과언이 아닙니다. 그곳은 사람을 집어삼킬 듯 위협하기 때문입니다.

우리를 그 무서운 구덩이에서 건져준 손은 우리에게 늘, 매우 소중합니다. 은혜의 하나님께 모든 영광을 돌리면서도, 그분이 보내신 구원의 도구를 우리는 진심으로 사랑하지 않을 수 없습니다.

스위스 고개 중 몇몇 정상에는, 여행객의 안전과 편의를 위해 지방 정부가 소수의 사람들을 고용하여 작은 산장에 거주하게 합니다. 그들의 임무는 여행자들이 길을 가도록 돕는 것입니다. 우리가 이탈리아 북부 콜 도비아(Col D'Obbia)의 가파른 비탈을 오를 때, 정상에서 3~4마일쯤 떨어진 곳에서, 마치 오래 전부터 우리를 기다린 것처럼 인사하는 한 남자를 만났습니다. 그는 손에 삽을 들고 있었고, 우리가 앞에서 무엇을 만나게 될지 몰랐지만, 그는 모든 것을 알고 대비하고 있었습니다. 곧 깊은 눈이 나타나자, 그는 삽으로 길을 내고, 그 길을 따라 힘없는 이들을 업어 옮겼습니다. 잠시 후, 또 다른 이가 나타나 지친 사람들을 위한 음료를 가져왔습니다.

이들은 바로 '돕는 자'였습니다. 그들의 삶은, 도움의 필요가 잦은 바로 그 구간에서 사람들을 돕는 데 바쳐졌습니다. 평지에서는 거의 쓸모가 없었고, 오히려 불필요하게 보였을지도 모릅니다. 그러나 필요한 그 시점에 나타났기에, 그들의 존재는 매우 가치 있었습니다. '돕는 자'는 사람이 스스로 도울 수 있을 때는 큰 도움이 되지 않지만, '절망의 늪'의 수렁 속에서 절망적으로 미끄러질 때는 오빌의 금보다도 귀합니다.

번연이 말하는 '돕는 자' 무리는, 절망의 늪의 경계에 곳곳에 배치되어, 그 늪 가장자리에서 진흙 속을 비틀거리며 가는 불쌍한 순례자의 부르짖음을 듣는 것이 그들의 임무입니다. 마치 왕립 인명구조회(Royal Humane Society)가 겨울철 호수 가장자리에 사람들을 배치해 얼음이 어는 시기에 위험에 빠진 사람을 구조하게 하듯, 각 교회에도 몇몇 그리스도인 남녀가 있어, 괴로워하는 영혼의 부르짖음을 듣고, 상한 마음과 낙심한 심령을 주시해야 합니다. 이런 사람들이야말로 우리가 필요로 하는 '돕는 자'이며, 바울이 말한 초대교회의 '돕는 자'가 아마도 이런 부류였을 것입니다.

이제 이 '돕는 자'들이 절망의 늪에서 구원을 찾는 죄인을 어떻게 도울 수 있는지, 몇 가지 지침을 주는 것이 좋겠습니다. 제 목회 경험상, 번연이 묘사한 '도움'이라는 이름의 사람을 잘 따라하는 것이 좋습니다. 먼저, 절망하는 사람을 만나면, 그가 자신의 상황을 직접 이야기하도록 하십시오. '도움'이 크리스천을 도왔을 때, 그는 곧바로 손을 내밀지 않고, 먼저 그에게 왜 그곳에 있는지, 왜 발판을 찾지 않았는지를 물었습니다. 사람으로 하여금 자신의 영적 고통을 위로자에게 드러내게 하는 일은 큰 유익이 있습니다.

물론 사제에게 하는 고해성사는 가증스러운 것이지만, 다른 그리스도인에게 영적 어려움을 털어놓는 일은 달콤한 위안이 될 수 있고 실제로 도움이 됩니다. 영적으로 깨어난 이들을 돕고자 하는 사람이라면, 무덤 앞의 천사들이 울고 있는 마리아에게 "여자여, 어찌하여 울고 있느냐?"라고 물었던 것처럼 하는 것이 지혜롭습니다. 그 대답은 돕는 자가 취할 방향을 알려주고, 위로를 적용하는 데 도움을 줍니다.

　　　　　　　　　　　　　　　

병을 이해하는 환자가 지혜로운 의사의 치료에 더 기꺼이 응하듯 말입니다.

저는 종종 어떤 어려움이든, 그것을 말로 설명하는 순간 바로 사라지는 경우를 보았습니다. 가장 괴로운 의심들도, 흉측한 올빼미 울음소리처럼, 빛 가운데 오래 견디지 못합니다. 많은 영적 어려움들은, 사람이 그 문제를 직시하고 충분히 설명하려 애쓰는 순간 사라집니다. "믿음이 작은 자여, 왜 의심하였느냐?" 하신 주님의 말씀처럼, 이성으로 불신앙과 맞서게 하는 것은 매우 효과적입니다.

그러므로 반드시 그 사람의 사정을 듣도록 하십시오. 그 청년을 따로 불러 앉혀 놓고, 조용히 물어보십시오. "무엇이 당신을 혼란스럽게 합니까? 무엇을 이해하지 못하겠습니까? 무엇이 당신을 이렇게 낙심하게 하고 기운 빠지게 합니까?" '도움'이 크리스천에게 자기 마음을 열도록 한 것은 매우 지혜로운 일이었으니, 여러분도 그렇게 하십시오.

다음으로, 할 수 있는 한, 눈앞에 있는 상황 속으로 들어가야 합니다. '도움'은 절망의 늪 가장자리에 와서, 가련한 친구를 향해 몸을 굽혔습니다. 이것이 사소한 지침처럼 보일지 모르지만, 확신하건대 이를 따르지 않는다면 거의 아무런 도움도 줄 수 없습니다. 공감이야말로 다른 사람을 위로할 수 있는 힘의 원천입니다.

한 영혼의 고통 속으로 들어가지 못한다면, 그 영혼에게 '위로의 아들'이 될 수 없습니다. 그러므로 "우는 자들과 함께 울라"는 말씀처럼, 먼저 자신을 낮추어 그들의 눈물을 함께 흘리고, 그들을 여러분의 기쁨의 자리로 들어 올릴 수 있어야 합니다.

문제가 당신에게 작아 보인다고 하여 비웃지 마십시오. 그것은 그 사람에게는 매우 큰 문제일 수 있습니다. 걱정하는 질문자에게, 왜 그런 기분을 느끼는지, 왜 그렇게 괴로워하는지를 나무라지 마십시오. 하나님께서 우리가 약할 때 영원한 팔로 우리를 받쳐 주시는 것처럼, 여러분도 여러분보다 더 어리고 약한 형제들을 받쳐 주어야 합니다. 그들을 들어 올리기 위해, 동정의 팔을 뻗어 그들 밑에 두어야 합니다.

진흙 속에 있는 형제를 본다면, 하나님의 은혜로 그를 온몸째 들어 올릴 수 있도록, 팔을 그 진흙 속까지 넣으십시오. 지금 낙심하고 있는 그 자매의 자리에 여러분도 한때 있었다는 사실을 기억하고, 그 당시 느꼈던 마음을 떠올려 보십시오. 그 청년이나 소녀가 어리석을 수 있습니다. 그렇습니다. 하지만 여러분도 한때 어리석었고, 모든 음식을 싫어하며, 영혼이 사망의 문에 가까이 간 적이 있었습니다. 그러므로 바울의 표현을 빌리자면, "그들을 위하여 어리석은 자"가 되어야 합니다.

이 단순한 마음을 가진 자들의 처지 속으로 자신을 넣을 수 있어야 합니다. 그렇지 못하다면, '돕는 자'가 되는 방법을 배우기 위한 훈련이 필요합니다.

그 다음 단계는, 이런 가련한 형제들에게 하나님의 약속으로 위로하는 것입니다. '도움'이 크리스천에게 왜 발판을 찾지 않았느냐고 물었을 때, 그 늪 한가운데에는 좋은 견고한 디딤돌들이 놓여 있었지만, 크리스천은 극심한 두려움 때문에 그것을 놓쳤다고 했습니다. 우리도 가라앉는 영혼들에게 하나님의 말씀에 있는 수많은 귀한 약속들을 가리켜 주어야 합니다.

형제자매 여러분, 스스로 성경 속 위로의 말씀에 익숙해야 합니다.

   제3장 '도움'이라는 이름의 사람

필요할 때 언제든 사용할 수 있도록, 그것을 혀끝에 두십시오. 고전 작가들의 축소판을 늘 가지고 다녀서 주머니 속에 거의 도서관이 있는 것처럼 보였다는 학자 이야기를 들은 적이 있습니다. 오, 우리가 작은 성경책을 늘 가지고 다니거나, 더 나아가 하나님의 모든 말씀을 마음에 간직하여, 주님처럼 "곤고한 자를 말로 어떻게 도와야 할지 알 수 있다면" 얼마나 좋겠습니까!

"적절한 때에 한 마디 말이 얼마나 좋은가!" 괴로워하는 영혼을 만날 때, 이렇게 말할 수 있다면 얼마나 복된 일입니까? "당신이 죄인인 것은 사실이지만, 예수 그리스도께서 죄인을 구원하시려고 세상에 오셨습니다." 혹은 그가 "나는 아무것도 할 수 없습니다"라고 말할 때, "당신이 무언가 하라고 말씀하신 것이 아닙니다. '주 예수를 믿으라 그리하면 구원을 얻으리라' 하셨습니다"라고 답하십시오. 그가 "나는 믿을 수 없습니다"라고 말하면, "누구든지 주의 이름을 부르는 자는 구원을 얻으리라"라는 약속을 상기시키십시오.

성경의 어떤 말씀들은, 마치 밤하늘의 뚜렷한 별자리처럼, 항해자가 한 번만 보아도 항로를 알 수 있게 해줍니다. 계시의 하늘에도, 방황하는 영혼들을 인도하는 별처럼 빛나는 구절들이 있습니다. 이런 말씀들을 가리키십시오. 자주 인용하십시오. 죄인의 눈을 그 말씀에 고정시키십시오. 그러면 여러분은 그를 가장 효과적으로 도울 수 있습니다.

혹시 이 글을 읽을 절망하는 영혼을 위해, 은혜로우신 하나님의 지극히 크고 보배로운 약속 몇 가지를 전하겠습니다.

• "악인은 그 길을 불의한 자는 그 생각을 버리고 여호와께로 돌아

오라 그리하면 그가 긍휼히 여기시리라 우리 하나님께로 돌아오
라 그가 너그럽게 용서하시리라."
- "그는 노를 한없이 품지 아니하시나니 이는 그가 인자를 기뻐하
심이라."
- "누구든지 목마르거든 내게로 와서 마시라."

이 세 말씀은, '길의 주인'께서 죄인들이 빠져드는 늪 한가운데 놓
아주신 '발판'의 한 예입니다.

약속을 인용한 뒤에는, 도움을 필요로 하는 이들에게 구원의 계획
을 더 분명히 가르쳐 주십시오. 매 주일 수천 개의 강단에서 복음이
전해지지만, 예수님 안에 있는 진리를 이처럼 적게 알고, 바르게 이해
하지 못하는 때도 없습니다. 설교자가 아무리 애써도, 일부 청중에게
는 단순한 복음을 분명하게 전달하지 못하는 경우가 있습니다. 그러
나 여러분은 설교자가 아니더라도, 여러분의 성격이나 교육 수준이
그 사람의 이해력에 꼭 맞을 수 있어, 오히려 설명을 잘할 수도 있습
니다.

하나님께서 아시지만, 저는 늘 제가 전하는 말을 분명하게 설명하
려고 온 힘을 다합니다. 그러나 제 사고방식과 표현 방식이 어떤 사람
들에게는 맞지 않을 수도 있습니다. 그러나 여러분은 거룩한 지혜와
끈기로, 저에게서 아무 빛도 얻지 못한 마음에 빛을 비출 수 있습니
다. '돕는 자'가 늘 지혜롭게 활동한다면, 신학자들이 오히려 혼란스
럽게 만드는 것을 평범한 일상 언어로 쉽게 풀어줄 수 있습니다. 학문
적 신학의 형식으로는 마음에 닿지 못한 말이, 일상 언어로 전해질 때
는 마음에 닿을 수 있습니다.

　　　　　　　　　　제3장 '도움'이라는 이름의 사람

우리에게는 거실과 부엌과 작업장에서 복음을 전하는 사람들이 필요합니다. 사람의 자연스러운 언어로 말할 수 있는 사람들이 필요합니다. 대학이나 신학교의 말투는 오히려 진리를 가리기도 합니다. 세상 속에 사는 여러분이 같은 내용을 다른 방식으로만 전해도, 죄인은 "아! 이제야 알겠어요. 목사님의 말씀은 이해가 안 됐지만, 당신의 쉬운 말로는 알 수 있네요."라고 할 것입니다.

영혼을 돕고자 한다면, 그들을 구주께로 인도하십시오. 관계없는 이야기로 혼란스럽게 하지 말고, 즉시 "예수님의 보배로운 피"로 인도하십시오. 그것이 용서와 깨끗함의 유일한 원천입니다. 예수님을 신뢰하는 자는 누구든 구원을 받는다고 죄인에게 전하십시오.

전도자처럼 좁은 문을 가리키지 마십시오. 그것은 최선의 길이 아니고, 죄인을 곧장 십자가로 인도하십시오. 가련한 크리스천은 처음에 충분히 가르침을 받은 신자를 만났더라면, 절망의 늪에서 그렇게 오래 허우적댈 필요가 없었을 것입니다. 잘못한 전도자를 꾸짖지는 말고, 언제나 죄인을 갈보리로 향하게 하여, 순례자에게 끼친 해를 바로잡으십시오.

혹시 이것을 보충하고 싶습니까? 그렇다면, 괴로워하는 이에게 당신 자신의 경험을 이야기하십시오. 많은 사람이 이 방법으로 절망의 늪에서 벗어났습니다. "뭐라고요? 선생님도 저처럼 느껴본 적이 있나요?"라고 젊은 친구가 놀라며 묻는 것을 들을 수 있습니다. 저는 종종, 상담 중에 그들이 눈을 크게 뜨며 놀라는 모습을 봅니다. 그러나 오히려 제가 그들의 경험을 전혀 안 해봤다면 더 놀랐을 것입니다.

우리는 환자에게 그의 모든 증상을 말해주고, 그들은 우리가 마음을 읽었다고 생각합니다. 사실은 우리의 마음이 그들과 똑같기 때문에, 우리 자신을 읽는 것이 곧 그들을 읽는 것입니다. 우리는 그들이 걸어온 길을 이미 걸었기에, 우리가 겪은 일을 설명 못한다면 오히려 이상한 일일 것입니다. 심지어 신앙이 성숙한 사람들도, 자신의 경험 과 비슷한 다른 사람의 이야기를 읽거나 들을 때 큰 위로를 받습니다.

젊은이들에게는, 자신보다 앞서 간 사람들이 무엇을 겪었는지를 듣 는 것이 은혜의 큰 수단이 됩니다. 나이 든 형제들이 이런 부분에서 더 자주 '돕는 자'가 되었으면 좋겠습니다. 다른 이가 어려움에 처했 을 때, 그와 똑같은 어려움을 겪었다고 말해주십시오. 그런데 어떤 사 람들은, 젊은이들이 알 수 없는 것을 모른다고 탓하며, 젊은 어깨에 늙은 머리를 올리지 않았다고 책망합니다. 하지만 그건 애초에 어울 리지도 않는 일입니다.

마지막으로, 젊은 구도자를 돕는 가장 큰 방법 중 하나는 그와 함께 기도하는 것입니다. 오, 기도의 능력이여! 죄인에게 하고 싶은 말을 직접 전하지 못할 때도, 그의 앞에서 하나님께 기도로 말할 수 있습니 다. 기도 속에서만, 그 사람의 얼굴을 마주 보고서는 하지 못할 말을 할 수 있습니다. 예를 들어 이렇게 말입니다.

"주여, 지금 주 앞에 무릎 꿇은 이 여인이 큰 괴로움에 처해 있습니 다. 그러나 그건 그녀 자신의 잘못입니다. 주의 사랑을 믿지 않으려 하기 때문입니다. 주께서는 사랑의 증거를 주님의 아들로 충분히 주 셨는데도, 그녀는 여전히 자기 안에서 기댈 무언가 좋은 감정이나 상 태를 찾으려 합니다. 그녀는 여러 번, 소망은 전적으로 그리스도 안에 있고 자신 안에는 전혀 없다는 말을 들었지만, 여전히 물 가운데서 불 을, 죽음의 무덤에서 생명을 찾으려 합니다. 주여, 그녀의 눈을 열어주시고, 얼굴을 올바른 방향으로 돌려, 자기 자신이 아니라 그리스도를 바라보게 하소서!"

이런 방식으로 기도하는 것은 문제를 아주 분명하게 드러내 주고, 그 자체로 유익할 수 있습니다. 게다가, 기도에는 실제적인 능력이 있습니다. 주님은 여전히 자신의 백성의 부르짖음을 들으십니다. 중력의 법칙이 천체를 지배하듯, 전류가 메시지를 한 곳에서 다른 곳으로 옮기듯, 기도도 실제로 작동하는 신비한 능력입니다.

하나님은 기도에 응답하십니다. 우리는 숨을 쉬는 것만큼이나 이것을 확신합니다. 우리는 기도를 시험했고, 증명했습니다. 하나님께서 우리 기도를 들으신 것은 가끔이 아니라, 자녀가 부모에게 먹을 것을 구해 받는 것처럼 규칙적이었습니다. 저는 하나님이 제 기도를 들으신다는 사실을 증명하려고도 하지 않습니다. 걷거나 앉거나 일어서거나 누울 때 중력이 작용한다는 사실만큼이나 확실합니다.

그러니, 이 기도의 능력을 사용하십시오. 다른 어떤 방법으로도 영혼을 돕지 못할 때, 기도가 그 일을 해낼 것입니다. 하나님이 함께하신다면, 여러분이 기도로 다른 사람을 도울 수 있는 능력에는 한계가 없습니다. 이 지침들을, 물에 빠진 사람을 구하는 왕립 인명구조회(Royal Humane Society)의 구조 지침처럼 기억해 두십시오.

제4장
돕는 자들

영혼을 낙심과 고통에서 벗어나도록 돕는 가장 좋은 방법에 대해 이미 말씀드렸으니, 이제는 참으로 '돕는 자들'이라고 불릴 수 있는 사람들이 누구인지에 대해 이야기하려 합니다. 왜냐하면 모든 사람이, 심지어 모든 신앙 고백을 하는 그리스도인이라 할지라도, 이 가장 중요한 일을 감당할 자격이 있는 것은 아니기 때문입니다.

진정한 '돕는 자'가 되기 위해 첫 번째로 필요한 것은 부드러운 마음입니다. 어떤 형제들은 하나님의 은혜로 특별히 준비되고 갖추어져 영혼을 구원하는 자가 됩니다. 내가 아는 한 열정적인 형제는, 내가 자주 '사냥개'라고 부르는 사람인데, 그는 말씀에 찔린 영혼들을 항상 찾고 있습니다. 마음이 불안해 보이는 영혼이 있으면 곧바로 관심을 가지고, 회심자 모임이 있다는 소식을 들으면 금세 분주해집니다. 평소에는 다소 무겁고 느려 보일지라도, 이런 때가 되면 눈이 반짝이고, 심장이 빨리 뛰며, 온 마음이 행동으로 움직입니다. 마치 새로운 사람처럼 변하는 것입니다. 다른 모임에서는 그다지 편안함을 느끼지 못할지라도, 회심자와 신앙을 찾는 이들 가운데 있으면 그는 온전히 살아나고 행복해집니다. 그들이 있는 곳에서는 그의 마음이 곧 불타오릅니다. 다양한 은사들이 한 성령으로부터 나오지만, 그에게는 영혼을 영적 고통에서 건져내는 은사가 분명하게 주어진 것입니다. 바울이 빌립보 교인들에게 보낸 편지에서 디모데를 가리켜 "뜻을 같이하여 너희 사정을 생각할 자가 이밖에 내게 없다"(빌 2:20)고 한 것처럼 말입니다.

우리가 일상에서 보는 것처럼, 어떤 사람은 타고난 간호사이고, 또 어떤 사람은 전혀 간호에 맞지 않습니다. 만약 여러분이 병이 들었다면, 어떤 사람은 무료로, 혹은 심지어 돈을 내면서 여러분을 돌봐준다고 해도 곁에 두고 싶지 않을 것입니다. 그들은 아마도 선한 뜻을 가지고 있을지 모르지만, 좋은 간호사에게 꼭 필요한 부드러움과 섬세함이 없습니다. 그들은 방을 쿵쿵거리며 걸어 환자를 깨우고, 한밤중에 약을 줄 일이 생기면, 그 약은 그들이 건네는 순간 더 쓰게 느껴질 정도입니다. 반면, 진정한 간호사—어쩌면 당신의 아내일 수도 있는—는 당신이 아플 때 걸음을 들은 적이 없을 것입니다. 너무나 살금살금 걸어서 오히려 심장 소리를 듣는 것이 발소리를 듣는 것보다 빠를 정도입니다. 그리고 당신의 입맛과 기호를 잘 이해하여, 기력이 떨어졌을 때에도 딱 맞는 것을 가져다줄 줄 압니다. 플로렌스 나이팅게일보다 더 그 일에 적합한 간호사가 있었겠습니까? 그녀는 하나님이 세상에 보내신 목적이 단지 자신이 직접 간호하는 것뿐만 아니라, 다른 이들에게도 간호를 가르치게 하기 위함인 듯 보입니다.

영적인 일에서도 마찬가지입니다. 저는 평범한 예를 들었지만, 의미는 분명합니다. 어떤 사람들은 낙심한 이를 위로하려고 하면 오히려 더 큰 어려움을 줍니다. 애도하는 자를 위로하는 것은 분명 그들의 전문 분야가 아닙니다. 그러나 진정한 '돕는 자'는, 머리가 고전 지식으로 가득 차 있지 않더라도, 넓고 따뜻한 마음을 가진 사람입니다. 사랑받는 사도 요한에 대해 "머리부터 발끝까지 불기둥" 같았다고 말한 적이 있습니다. 바로 이런 사람이, 낙심과 고통의 한겨울 속에서 떨고 있는 영혼에게 필요한 사람입니다. 우리도 이런 사람을 알고 있습니다. 하나님께서 더 많은 사람을 이렇게 훈련시키시고, 우리 모두에게도 그리스도의 온유함을 더해주시기를 바랍니다. 그렇지 않으면 우리는 이 일을 제대로 감당할 수 없습니다.

참된 '돕는 자'에게는 넓고 사랑 많은 마음뿐만 아니라, 매우 빠른 눈과 귀가 필요합니다. 죄인을 향한 눈과 귀를 민감하게 훈련시키는 방법이 있습니다. 어떤 형제자매들은 예배당에 앉아 있을 때, 주변 사람들에게 말씀이 어떻게 작용하는지 거의 눈치챌 수 있습니다. 훈련되고 경험 있는 '돕는 자'는 설교가 끝난 뒤, 곁에 있는 사람에게 언제, 무엇을, 어떻게 말해야 하는지 압니다. 그것을 예배당에서 말해야 할지, 계단을 내려가면서 말해야 할지, 건물 밖에서 말해야 할지, 아니면 주중까지 기다려야 할지도 압니다. 그들에게는 일종의 거룩한 직감—아니, 성령께서 주시는 기름부음이 있어서—무엇을, 어떻게, 언제 해야 할지를 알게 되는 것입니다.

하나님께서 '절망의 늪' 가장자리에 이런 파수꾼들을 세우시는 것은 참으로 복된 일입니다. 그들은 귀를 기울여 모든 소리를 듣다가, 어둡고 안개 낀 가운데서라도, 진흙탕 어디선가 첨벙하는 소리를 들으면 곧 달려가 구합니다. 어쩌면 그 영혼의 외침을 듣는 사람은, 이렇게 귀 기울이는 이들 외에는 아무도 없을지도 모릅니다.

또한, 이 일을 위해서는 발이 빠른 사람이 필요합니다. 고통받는 이를 돕기 위해 달려갈 수 있는 사람 말입니다. 어떤 신자들은 결코 이웃에게 영혼 문제에 대해 말을 꺼내지 않지만, 하나님께 감사하게도 낯선 사람이라도 그리스도에 대해 진지하게 말하지 않고는 보내지 않는 이들이 있습니다. 나는 이런 '돕는 자들'이 그 좋은 습관을 계속 지키기를 기도합니다. 주님께서 분명히 그 일에 복을 주실 것입니다. 왜냐하면 설교자가 주님의 말씀을 충실하게 전하여 많은 일을 할 수 있지만, 때로는 청중의 양심에 직접 다가가 성령의 도우심으로 그의 영혼에 빛을 비추는 개인적인 대화가 더 큰 일을 할 수 있기 때문입니다.

철저히 효율적인 '돕는 자'가 되려면, 사랑이 담긴 얼굴을 가진 사람이어야 합니다. 얼굴은 우리가 스스로 만든 것이 아니지만, 늘 굳은 표정을 짓는 형제는 불안한 질문자들과 크게 교감하기 어렵습니다. 특히 근심하는 마음에게는 밝음이 큰 힘이 됩니다. 이 거룩한 사역에 가벼움(경박함)이 필요한 것은 아니지만, 밝음과 경박함 사이에는 큰 차이가 있습니다. 저는 항상, 저를 친근한 표정으로 바라보는 사람에게는 제 마음속 이야기를 쉽게 할 수 있지만, 차갑고 형식적인 태도로 마치 높은 자리에서 내 사생활을 캐내고 나를 몰아세우려는 듯 말하는 사람에게는 아무것도 말할 수 없었습니다.

이 어려운 일을 할 때에는 부드럽게, 온유하게, 사랑으로 하십시오. 당신의 밝은 얼굴이 당신이 가진 신앙이 가질 만한 가치가 있고, 그것이 당신에게 위로와 기쁨을 주고 있다는 사실을 보여줍니다. 그렇게 할 때, '절망의 늪'에 빠진 영혼도 그 신앙이 자신에게도 기쁨과 위로를 줄 수 있다고 소망하게 될 것입니다.

또한, 다른 이들을 돕는 '돕는 자'가 되려면 확고한 발판이 있어야 합니다. 만약 형제를 늪에서 끌어내야 한다면, 당신 자신이 단단히 서 있어야 합니다. 그렇지 않으면 그를 끌어올리려다 오히려 당신이 함께 진흙 속으로 빠질 수 있습니다. 다른 사람의 의심을 오래 듣다 보면, 자신도 비슷한 의심에 빠질 수 있으니, 그리스도 예수 안에서 자신이 누리는 구원의 확신이 확고해야 합니다. 주님의 사역에서 유익하게 쓰임 받고자 한다면, 늘 의심과 두려움 속에 있어서는 안 됩니다. 완전한 확신이 구원에 반드시 필요한 것은 아니지만, 다른 사람을 돕는 일에서 성공하려면 반드시 필요합니다.

나는 주일학교에서 처음 가르칠 때를 기억합니다. 반의 한 아이에게 구주를 소개하려고 했는데, 그는 자신의 영적 상태에 대해 근심하며 제게 물었습니다.

"선생님, 선생님은 구원받았나요?"

내가 "그렇다"라고 하자, 그는 다시 "그런데 정말 확실하세요?"라고 물었습니다. 그때 즉시 대답하지는 못했지만, 그리스도께서 구원하신다는 사실을 확실히 전하려면, 나 자신이 먼저 그분을 신뢰하고 그분의 구원 능력을 경험해야 한다는 것을 깊이 느꼈습니다.

그러므로 먼저 자신이 확실한 발판을 얻도록 힘쓰십시오. 그래야 '절망의 늪' 가장자리에서, 늘 미끄러지는 사람들보다 훨씬 더 유익하게 사역할 수 있습니다.

또한, 늪 속에서 허우적대는 사람을 돕고 싶다면, 그 늪을 잘 알아야 합니다. 가장 험한 부분이 어디인지, 가장 깊은 곳이 어디인지 파악하십시오. 멀리 가지 않아도 됩니다. 아마 당신 자신이 거기를 지나온 경험이 있을 것이고, 그 기억이 도움이 될 것입니다. 또 다른 이들의 경험을 들어서도 늪의 위험한 지점을 파악할 수 있습니다. 가능하다면, 절망의 심리를 이해하도록 하십시오. 여기서 제가 말하는 것은 두갈드 스튜어트나 다른 심리학자의 책을 연구하는 것이 아니라, 실제로 마음 깊이 경험함으로써, 깨어난 영혼이 흔들릴 때 겪는 의심과 두려움을 실질적으로 이해하는 것입니다.

그리고 이 일을 잘 하려면, 주님께서 강한 손을 주셔야 합니다. 그래야 구원하려는 죄인을 단단히 붙잡을 수 있습니다. 우리 주 예수님께서도 나병환자에게 멀찍이서 말씀만 하신 것이 아니라, 손을 대어 치유하셨습니다. 우리도 사람들과 거리를 두기만 하면서는 그들을 유익하게 할 수 없습니다. 설교자가 때로 청중을 확실히 붙잡고, 마음과 양심을 쥐고서 원하는 대로 인도할 수 있듯, '돕는 자'가 되려면 양심과 마음, 판단력, 전인격을 붙잡는 거룩한 기술을 배워야 합니다.

근심하는 마음을 붙잡았다면, 평안에 이르게 하기 전까지 결코 놓지 마십시오. 마치 바이스(금속이나 목재 같은 물체를 단단히 고정해 두기 위해 사용하는 공구—편집주)처럼, 한 번 잡으면 결코 놓지 않는 손이 되어야 합니다. 하나님의 종이, 한 번 손을 잡아 끌어내기 시작한 죄인을 다시 '절망의 늪'에 빠지도록 놓아버린다는 것은 있을 수 없는 일입니다. 당신이 서 있는 반석이 견고한 한, 믿음과 기도의 손으로 그를 붙잡고 계십시오. 하나님께서, 사랑과 영적 공감, 그리고 영혼을 향한 거룩한 열정으로 사람들을 붙잡아, 그들이 구원받기 전에는 놓지 않는 법을 가르쳐 주시기를 바랍니다.

또 한 번 강조하자면, 다른 사람을 '절망의 늪'에서 건져내고 싶다면 허리를 굽힐 수 있어야 합니다. 똑바로 서 있기만 해서는 그들을 끌어낼 수 없습니다. 진흙 속에 가라앉아 있는 그 불쌍한 이들이 있는 자리까지 내려가야 합니다. 그들은 거의 끝까지 빠져서, 진흙과 수렁이 머리 위까지 덮여 있는 상태일지도 모릅니다. 그러니 정말 구하고 싶다면, 소매를 걷어붙이고 마음을 다해 일해야 합니다.

"그런데 그들은 제대로 된 영어도 못 씁니다!"라고 누군가 말할 수 있습니다. 상관 없습니다. 그들에게는 세련된 영어를 쓰지 마십시오. 그들은 이해하지 못할 것입니다. 그들이 알아들을 수 있는 '서투른 영어'로 말하십시오. 아우구스티누스의 설교 중 많은 부분이 매우 서툰 라틴어로 가득했다고 전해집니다. 그것은 그가 라틴어를 못했기 때문이 아니라, 당시의 '개 라틴어(dog-Latin)'가 오히려 사람들에게 더 잘 전달되었기 때문입니다. 우리도 사람들을 붙잡으려면 이와 비슷한 방식을 써야 할 때가 있습니다.

어떤 목사들에게는 품위 의식이 지나쳐서, 어떤 종류의 사역에는 적합하지 못한 경우가 있습니다. 어부 아낙네들이 알아들을 만한, 아주 솔직한 표현을 입에 담지 못하는 것입니다. 그러나 자신이 말하는 진리를, 듣는 사람들이 이해하고 받아들일 수 있는 방식으로 전할 수 있는 사람은 복된 사람입니다.

"그러나 강단의 품위를 기억해야 하지 않습니까?"라고 말하는 이도 있습니다. 물론 기억해야 합니다. 그러나 그것이 무엇입니까? 전차의 '품위'는 바퀴에 묶여 있는 포로의 수로 판단되는 것처럼, 강단의 '품위'는 그곳에서 선포된 복음을 통해 하나님께 돌아온 영혼들의 수로 결정됩니다. 듣는 사람들의 머리 위로 지나가 버리는 고상한 문구나 사전식 문장, 웅장한 문체에는 아무 '품위'도 없습니다. 바울이 로마서에서 말한 것처럼, "낮은 데 처한 사람들에게 동화되라"는 말씀을 기억해야 합니다. 때로는 자신의 깔끔한 취향에는 맞지 않지만, 양심과 사랑이 명령하는 방식을 사용해야 할 때가 있습니다.

허리를 굽히는 법을 배우십시오. 예를 들어, 가난한 집에 갈 때, 마치 대단한 호의를 베푸는 듯한 귀부인처럼 행동하지 마십시오. 방에 의자가 하나밖에 없고 그마저 부서져 있다면, 그 끝에라도 앉으십시오. 자리가 삐걱거리거나 지푸라기가 다 닳았더라도 마다하지 마십시오. 혹시 주인 아주머니가 청결하지 못하더라도, 그녀의 곁에 가까이 앉아, 그녀를 하대하지 말고 동등하게 대하십시오.

만약 구슬치기하는 소년에게 말하고 싶다면, 그를 놀이에서 억지로 불러내거나, 선생처럼 높은 곳에서 내려다보지 마십시오. 먼저 장난스러운 말 몇 마디로 시작한 뒤, 그의 귀에 더 진지한 말을 살짝 흘려넣으십시오. 사람들에게 유익을 주려면, 그들이 있는 자리로 내려가야 합니다. 물에 빠진 사람에게 웅변 같은 설교를 해봐야 소용없습니다. 웅덩이 가장자리까지 가서 팔을 뻗어, 그들을 붙잡아야 합니다.

이것들이 참된 '돕는 자'가 갖추어야 할 몇 가지 자질입니다.

이제 마무리로, 과거에 '돕는 자들'로 수고했던 형제자매들에게 앞으로 더 열심히 그 일을 계속하라고 권면하고, 아직 해보지 않은 이들에게는 지금 당장 시작하라고 격려하고자 합니다.

어쩌면 누군가는 "왜 내가 다른 사람을 도와야 합니까?"라고 묻습니다. 제 대답은 이것입니다. 영혼들이 도움이 필요하기 때문입니다. 그것만으로도 충분하지 않습니까? 고통의 부르짖음은 자비를 나타내기에 충분한 이유입니다. 영혼들이 죽어가고, 멸망하고 있습니다. 그러므로 그들을 도우십시오.

몇 주 전, 신문에 한 남자가 도랑에서 죽은 채 발견되었다는 기사가 실렸습니다. 조사 결과, 그는 6주 동안 그곳에 있었던 것으로 보였습니다. 누군가가 "길을 잃었다! 길을 잃었다!"라는 외침을 들었지만, 어두워서 누군지 보러 나가지 않았다고 합니다. "끔찍하다! 끔찍하다!"고 말할 수 있습니다. 그러나 어쩌면 우리도 영원한 영혼에 대해 같은 일을 하고 있을지 모릅니다.

이웃 중에는 "길을 잃었다!"고 외치지 않는 이들이 있습니다. 그들은 자신이 길을 잃었다는 사실조차 느끼지 못하지만, 실제로는 잃어버린 상태입니다. 그들을 무지의 도랑에 버려둔 채, 구하러 가지 않으시겠습니까? 또 어떤 이들은 "길을 잃었다!"고 외치며 위로와 안내를 필요로 합니다. 단 한 마디가 부족해 절망 속에 죽어가도록 내버려 두시겠습니까? 그리스도 안에 있는 형제자매들이여, 인류의 필요가 여러분을 자극하여, 주변에 있는 많은 잃어버린 영혼들을 위해 행동하게 하십시오.

또한, 여러분이 과거에 비슷한 상황에 있었을 때, 어떻게 도움을 받았는지를 기억하십시오. 우리 중 일부는 결코 잊지 못할 것입니다. 우리를 도와준 그 주일학교 교사, 다정한 어머니, 은혜로운 여인, 친절한 청년, 교회의 훌륭한 장로를 말입니다. 그들의 따뜻한 관심과 도움은, 우리가 절망의 짙은 안개 속에 있을 때 마치 빛나는 천사의 환상처럼 다가왔습니다. 그러니 그 빚을 갚으십시오. 여러분이 어려움 속에서 도움을 받았던 것처럼, 다른 이들을 도와 그 의무를 다하십시오.

게다가, 그리스도께서 마땅히 그럴 자격이 있으십니다. 어둠 속에 길 잃은 어린 양이 있습니다. 그분의 어린 양이니, 그분을 위해 돌보지 않으시겠습니까? 만약 낯선 아이가 눈과 바람 속에서 하룻밤만이라도 지낼 곳을 찾으며 우리 문 앞에 서 있다면, 인간적인 연민만으로도 그 아이를 들여보낼 것입니다. 하물며, 그 아이가 우리의 친형제나 사랑하는 친구의 자녀라면, 가족애의 힘이 우리를 강하게 움직여 반드시 보호할 것입니다. 죄인은, 어떤 경우든, 한 인류라는 큰 가족 안에서 당신의 형제입니다. 그는 지금 그 사실을 깨닫지 못할지라도, 그 관계 때문에 당신에게는 그가 받을 수 있는 모든 도움을 주어야 할 도덕적 의무가 있습니다.

사랑하는 여러분, 이 일이 그 자체로 얼마나 복된 것인지 알게 된다면 다른 논거가 필요 없을 것입니다. 경험을 쌓고 싶습니까? 그렇다면 다른 이를 도우십시오. 은혜 안에서 성장하고 싶습니까? 그렇다면 다른 이를 도우십시오. 자신의 절망을 떨쳐버리고 싶습니까? 그렇다면 다른 이를 도우십시오. 이 일은 심장의 박동을 빠르게 하고, 시야를 맑게 하며, 영혼을 거룩한 용기로 무장시킵니다. 또한 다른 이를 하늘로 향하는 길에서 돕는 것은 당신 자신의 영혼에 수천 가지 복을 가져다줍니다. 마음의 샘물을 막아 두면 그것은 곧 썩고, 냄새나며, 더러워집니다. 그러나 흘려보내면, 그 물은 신선하고 달며 끊임없이 솟아날 것입니다. 다른 사람을 위해 사십시오. 그러면 한 번의 인생 안에 백 번의 삶을 살게 될 것입니다. 진정한 복됨을 원한다면, 게으름과는 이혼하고 부지런함과 결혼하십시오.

만약 이것만으로 충분하지 않다면, 당신이 이 일에 부르심을 받았다는 사실을 기억하십시오. 주님께서 당신을 고용하셨으니, 어떤 일을 할지 고르는 것은 당신의 몫이 아닙니다. 주님께서는 당신에게 달란트를 맡기셨고, 그것은 주님이 명하신 대로 사용해야 합니다. 그러니 지금 당장 주님을 위한 실제적인 봉사를 시작하십시오. 그렇지 않으면 곧 주님의 징계를 맛볼 수도 있습니다. 다른 이를 돕지 않는다면, 하나님은 재물을 맡기고도 제대로 쓰지 않는 청지기를 다루듯 하실 것입니다. 그러면 당신의 달란트가 빼앗길 것입니다. 건강할 때 부지런하지 않았다면 병이 올 수 있습니다. 부를 올바로 사용하지 않았다면 가난해질 수 있습니다. 절망에 빠진 영혼을 돕지 않았다면, 당신 자신이 깊은 절망 속에 빠질 수도 있습니다.

파라오의 꿈이 그 시대 이후로도 자주 성취되었습니다. 그는 강에 서 살찐 소 일곱 마리가 올라오는 것을 보았고, 그 뒤를 이어 올라온 야윈 소 일곱 마리가 살찐 소를 먹어치웠습니다. 때로 우리는 기쁨과 평안으로 충만할 때 게으르고 나태해져 다른 이를 위해 아무 일도 하 지 않습니다. 이럴 때, 야윈 소가 살찐 소를 잡아먹을까 두려워해야 합니다. 아무 일도 하지 않는 날들, 열매 없는 주일, 힘없는 기도들이 결국은 기쁨 많은 안식일, 풍성한 은혜, 넘치는 기쁨을 삼켜버릴 것입 니다.

게다가, 우리가 사는 매 시간마다 우리는 하늘에 더 가까워지고, 죄 인들은 지옥에 더 가까워집니다. 영혼을 구원하여 그리스도를 섬길 수 있는 시간은 점점 짧아지고 있습니다. 우리의 날은 매우 짧으니, 모든 날을 하나님을 위해 사용합시다. 그리고 주님의 신실한 종들에 게 주실 상을 잊지 마십시오. 하늘에 들어갈 때 누군가 "아버지, 오신 것을 환영합니다!"라고 말하는 것을 듣는 복된 영혼을 생각해 보십시 오. 땅에서 다른 이에게 아무런 복이 되지 못한 채 하늘에 간 '영적 무 자(無子)'들은 하늘의 하늘이라고 불릴 그 기쁨을 놓치게 될 것입니다. 그러나 많은 이들을 그리스도께 인도한 사람들은, 자신의 복락 위에, 자신을 통해 구주께 인도된 다른 영혼들과의 교제에서 오는 기쁨을 더하게 될 것입니다.

저는 주님의 메시지를 여러분 마음속에 불처럼 새길 수 있는 말을 하고 싶습니다. 모든 교인들이 그리스도를 위한 일꾼이 되기를 바랍 니다. 우리는 이 벌집에 게으름벌레(drones)는 필요 없습니다. 우리는 벌은 원하지만 말벌은 원하지 않습니다. 가장 쓸모없는 사람들이 보통 가장 다투기를 잘하며, 가장 기쁘고 평화로운 사람들은 대개 그리스도를 위해 가장 많이 일하는 사람들입니다. 우리는 행위로 구원받는 것이 아니라 은혜로 구원받습니다. 그러나 구원받았기 때문에 다른 이를 예수께 인도하는 도구가 되기를 원합니다.

저는 여러분 모두를 이 선한 일에 동참하도록 격려하고 싶습니다. 노인, 청년, 형제, 자매 모두, 각자의 은사와 경험에 따라 돕는 일을 하십시오. "나는 많은 것을 할 수 없지만, 도울 수는 있다. 나는 설교는 못하지만, 도울 수 있다. 나는 공개적으로 기도하지 못하지만, 도울 수 있다. 나는 많은 돈을 줄 수 없지만, 도울 수 있다. 나는 장로나 집사로 섬기지 못하지만, 도울 수 있다. 나는 눈에 띄는 빛나는 별은 아니지만, 도울 수 있다. 나는 혼자서는 주님을 섬길 수 없지만, 도울 수 있다."라는 마음을 가지시기 바랍니다.

한 옛 청교도 목사는 아주 특이한 설교를 한 적이 있습니다. 본문은 단 두 단어, "그리고 바돌로매"였습니다. 복음서에서 바돌로매의 이름은 결코 혼자 나오지 않고, 언제나 다른 사도와 함께 언급됩니다. 그는 결코 주연이 아니고, 늘 두 번째였습니다. 이것이 여러분의 마음가짐이 되어야 합니다. 모든 것을 스스로 다 할 수 없더라도, 할 수 있는 만큼 돕는 것입니다.

제가 회중을 모아놓고 바라볼 때, 저는 이 모임을 마치 의회가 학위를 수여하는 자리처럼 생각합니다. 많은 수고를 거쳐 그 자격을 갖춘 제자들에게 '돕는 자들'이라는 거룩한 칭호를 드립니다. 여러분 중에는 오래전부터 이 영예로운 이름을 받을 자격이 있는 분들이 있습니다. 아직 그렇지 못한 분들도, 속히 그 이름을 얻게 되기를 바랍니다.

하나님께서, 그분의 은혜로, 여러분이 다른 이를 돕는 자가 되도록 도우셨음을 찬양하며 하늘에 들어가는 것이 여러분의 기쁨이 되기를 빕니다.

"KNOCK, AND IT SHALL
BE OPENED UNTO YOU"

제5장
크리스천과 바알세불의 화살

"크리스천이 좁은 문에 들어서려 할 때, 굿월이 그를 당겨 끌어주었다.

크리스천이 '왜 그러십니까?'라고 묻자, 굿월이 말했다.

'이 문에서 조금 떨어진 곳에 견고한 성이 하나 있는데, 그 성의 대장은 바알세불입니다. 그와 그의 졸개들이 이 문으로 다가오는 자들에게 화살을 쏘아, 혹시라도 문 안에 들어가기 전에 죽이려 합니다.'

그러자 크리스천이 말했다. '좁은 문으로 들어가는 것이 기쁘면서도 떨립니다.'"

이 대목에서 번연은 영혼이 구원의 문턱에 다다랐을 때, 대개 가장 격렬한 시험을 받는다는 사실을 비유하고 있습니다. 지금 이 자리에, 바로 그런 상황에 있는 분들이 있을지도 모릅니다. 그들은 구주를 찾고 있습니다. 기도를 시작했고, 주 예수 그리스도를 믿기를 간절히 원하지만, 지금껏 경험하지 못한 어려움에 부딪혀 거의 절망 직전입니다.

우리가 구원의 문 앞에 왔을 때 맞닥뜨린 화살들을 회상하면, 지금 그들이 맞고 있는 화살이 어떤 것인지 이해하는 데 도움이 될 수 있습니다.

가장 흔한 것은 '과거 죄의 기억'이라는 불화살입니다.

"네 죄와 같은 죄가 씻김 받을 수 있을 리 없다!"고 원수 마귀가 속삭입니다.

"네가 저지른 죄의 수를 생각해 보아라. 태어날 때부터 어떻게 빗나갔는지, 어떻게 끝까지 죄를 고집했는지, 가장 은혜로운 초대와 가장 두려운 경고를 무시하고 어떻게 빛과 지식을 거슬렀는지, 은혜의 성령을 모욕하고 그리스도의 피를 짓밟았는데, 어떻게 용서가 가능하겠느냐?"

죄의 무게에 짓눌린 영혼은 본능적으로 이런 말에 동의합니다.

"맞다. 사탄이 말하는 거지만, 나는 그가 말하는 그대로의 죄인이다."

그러면 불쌍한 영혼은 자신 같은 죄인에게 용서가 가능할지 두려워하며, 자신이 지은 어떤 큰 죄를 떠올립니다. 모독한 자는 자신의 불경함을, 부정한 자는 자신의 음란함을 기억합니다. 그러면 사탄이 이렇게 속삭입니다.

"그 특정한 죄만 아니었다면 소망이 있었을지도 모른다. 그러나 그 죄가 너를 소망의 경계 밖으로 내던졌다. 너는 이제 쇠창살 감옥 속에 갇힌 사람과 같아서, 절망이 너를 사로잡았고, 이제 너를 구할 길은 없다."

불쌍한 마음이여! 사악한 자의 이런 불화살을 꺾거나 무디게 할 성경 구절이 많습니다. 예를 들면 이런 말씀들입니다.

"그 아들 예수의 피가 우리를 모든 죄에서 깨끗하게 하실 것이요"(요일 1:7),

"사람의 모든 죄와 훼방은 사하심을 얻되"(마 12:31),

"내게 오는 자를 내가 결코 내쫓지 아니하리라"(요 6:37).

하나님께서 이 말씀이 당신의 경우에도 효력을 발휘하게 하시기를 바랍니다.

때로는 고대 석궁에서 쏜 화살처럼, 또 다른 사탄의 시험이 죄인을 찌릅니다.

"이제는 구원받기엔 너무 늦었다. 젊었을 때 복음의 초대를 많이 받았지만, '거의 설득될 뻔'했을 때도 오래 머뭇거렸고, 결국 주께서 손을 드시며 진노로 맹세하시기를 '그는 내 안식에 들어오지 못하리라' 하셨다. 그러니 이제는 모든 희망이 끝났다."

수년 동안 이런 두려움에 눌려 사는 이들이 있습니다. 마치 뉴게이트 감옥의 사형수처럼, 성 세풀커 교회의 종이 울리는 죽음의 종소리를 듣는 것만 같습니다. 그러나 사탄의 이런 속삭임에는 한 마디의 진실도 없습니다. 이 세상에 살아 있는 한, 죄를 회개하고 예수 그리스도를 믿는 자는 용서받을 것입니다. 회개한 강도처럼, 생의 마지막 순간에 구원받은 자들이 많이 있습니다. 심지어 하루의 열한 시에 주님의 포도원에 들어와 일하게 된 자들도 있었습니다.

성경 어디에도, 진실로 회개한 자에게 하나님이 "너를 받지 않겠다" 하신 적이 없습니다. 아까 인용한 말씀, "내게 오는 자를 내가 결코 내쫓지 아니하리라"에는 나이 제한이 없습니다. 사람이 아흔 살이어도 그리스도께 '나아오면' 결코 내쫓기지 않습니다. 심지어 그가 므두셀라만큼 장수했더라도, 그리스도께 온다면 이 약속은 여전히 유효

     제5장 크리스천과 바알세불의 화살

합니다.

이 두려움이 사라지면, 종종 또 다른 두려움이 뒤따릅니다. 사탄이 말합니다.

"그래, 나이 때문에 너무 늦은 건 아닐 수 있지만, 너는 성령을 거역했고, 양심을 억눌렀다. 네가 '거의 설득될 뻔'했을 때마다 '지금은 가라. 내가 적당한 때가 되면 너를 부르겠다'고 말하지 않았느냐? 게다가, 너는 한때 겉으로는 너무도 신실해서 모든 사람이 너를 그리스도인이라고 생각했고, 너 자신도 그렇게 믿었었다. 너는 주일학교에서 가르쳤고, 때로는 설교까지 했다. 그러나 그 이후 네가 어디에 있었는지, 어떻게 행했는지 너는 잘 알고 있다. 개가 토한 것으로 되돌아가듯, 씻긴 돼지가 다시 진흙탕에서 뒹구는 것처럼, 네가 그렇게 돌아갔으니 이제는 너에게 소망이 없다. 네가 긍휼의 문을 두드린다 해도, 그것은 너에게 열리지 않을 것이다."

사랑하는 여러분, 그 화살이 아무리 날카롭고 종종 정확히 꽂힌다 해도, 실제로는 힘이 없습니다. 만약 그리스도께서 한 번이라도 자신을 거절한 자를 결코 받지 않으셨다면, 우리 중 그 누구도 받아들이지 않으셨을 것입니다. 우리 중 일부는 그분의 초청을 거절했고, 양심의 경고를 수천 번이나 억눌렀지만, 우리가 예수께 나아갔을 때 그분은 우리를 은혜롭게 맞아주시고, 값없이 사랑해 주셨습니다. 그렇습니다, 사랑하는 여러분. 만일 여러분이 그분의 초청을 만 번 거절한 후에라도 그분께 나아가고, 하나님의 영을 거스른 모든 일을 뒤로하고 그분을 신뢰한다면, 결코 내쫓기지 않을 것입니다.

많은 무거운 짐 진 영혼들이 '선택'(택하심)의 교리 때문에 크게 괴로워해 왔습니다. 사탄은 순금보다 더 귀한 이 진리를 교묘히 이용하여,

그리스도께 나아가려는 죄인의 길에 걸림돌이 되게 합니다. 선택의 교리는 다이아몬드처럼 찬란하지만, 마귀는 그것의 날카로운 면을 사용해 많은 가련한 죄인을 심각하게 상처 입힙니다. 사탄이 이렇게 말합니다.

"너는 선택받지 않았다. 하나님께 택함 받은 적이 없다. 네 이름은 어린양의 생명책에 없다."

그러나 제정신이라면 죄인은 이렇게 대답할 수 있습니다.

"네가 어떻게 내가 선택받지 않았다는 것과 내 이름이 생명책에 없다는 것을 아느냐? 하나님은 네게 이런 슬픈 소식을 전하라고 결코 허락하신 적이 없다. 그러니 나는 그것으로 괴로워하지 않겠다."

왜 이런 두려움이 우리를 그리스도께 나아가지 못하게 해야 합니까? 우리는 다른 일에서는 이런 이유로 멈추지 않습니다. 한 사람이 심하게 아픈데, 아내가 의사를 부르겠다고 합니다. 그러자 남편이 말합니다. "안 돼, 여보. 나는 죽도록 예정되어 있을까 두려우니 의사를 부를 필요가 없어." 또 한 사람이 여행 중 사고를 당했습니다. 그는 당연히 스스로를 구하려고 애씁니다. 그러나 어떤 사람들이 영적인 일에서 말하듯이 말한다면, "내가 살아나도록 예정되어 있는지 알 수 없으니 시도하지 않겠다."고 할 것입니다.

난파당한 뱃사람이 육지에 도착할지 알 수 없다고 해서 수영을 포기합니까? 임금을 받을지 모른다고 해서 일을 멈춥니까? 하루 더 살 수 있을지 모른다고 해서 먹기를 거부합니까? 다시 깰 수 있을지 모른다고 해서 잠자기를 거부합니까? 아닙니다. 우리는 하나님의 작정에 대한 생각과 상관없이 일상의 일을 계속합니다. 그렇게 함으로써 오히려 하나님의 작정이 우리 안에서 성취되는 것입니다.

   제5장 크리스천과 바알세불의 화살

하나님의 말씀은 우리에게 주 예수 그리스도를 믿으라고 명령합니다. 그리고 제가 한 가지 분명히 말씀드리겠습니다. 그리스도를 믿는다면, 그것은 여러분이 선택받은 자이며, 여러분의 이름이 생명책에 기록되어 있다는 확실한 증거입니다. 저는 그 책을 본 적이 없지만, 예수를 믿은 영혼 중에 그 이름이 이미 거기에 기록되어 있지 않은 사람은 단 한 명도 없었습니다.

만일 당신이 죄를 회개하며 그리스도께 나아온다면, 하나님께서 당신을 영생으로 택하셨음을 압니다. 회개는 하나님의 선물이며, 그것은 하나님의 영원한 사랑의 표입니다. 하나님은 말씀하십니다.

"내가 영원한 사랑으로 너를 사랑하였으므로 인자함으로 너를 이끌었다"(렘 31:3).

하나님은 우리를 영원부터 사랑하셨기 때문에, 그 사랑의 줄로 우리를 회개와 믿음으로 이끄십니다. 그러니 '선택'이라는 복된 말씀이 결코 여러분을 괴롭히게 두지 마십시오. 그 단어를 듣는 것만으로도 기뻐 춤출 날이 올 것입니다. 그리고 하나님께서 창세 전부터 여러분을 그분의 특별한 은혜의 대상으로 택하셨다는 생각보다 여러분의 마음을 더 아름다운 음악으로 채우는 것은 없을 것입니다.

사탄의 또 다른 불화살은 이것입니다.

"너는 용서받을 수 없는 죄를 지었다."

아! 이 화살은 많은 이의 마음에 깊이 박혀 왔으며, 이런 경우를 다루기는 매우 어렵습니다. 저는 이렇게 공격받는 사람과는 한 가지 방식으로만 논합니다.

"만일 당신이 구원을 갈망한다면, 결코 용서받을 수 없는 죄를 지은 것이 아닙니다. 그리고 당신이 그리스도를 신뢰하려고 한다면, 절대 그 죄를 범한 것이 아닙니다. 왜냐하면 하나님의 말씀에 따르면, 그리스도를 신뢰하는 모든 영혼은 용서받기 때문입니다. 그러므로 당신은 그 죄를 지은 것이 아닙니다.”

아무도 그 죄가 무엇인지 정확히 알지 못합니다. 저는 심지어 하나님의 말씀조차 그것을 구체적으로 밝히지 않았다고 믿습니다. 그리고 그것이 드러나지 않은 것이 매우 합당합니다. 제가 종종 예로 드는 것처럼, 어떤 울타리에 붙은 “이 안에는 덫과 장전된 총이 있음”이라는 경고문과 같습니다. 우리는 그 덫과 총이 정확히 어디 있는지 알지 못하지만, 울타리를 넘어서는 안 된다는 것은 분명합니다. 마찬가지로 성경은 “사망에 이르는 죄”가 있다고 말하지만, 그것이 무엇인지는 알려주지 않습니다. 단지 어떤 범죄도 범하지 말아야 함을 분명히 할 뿐입니다.

그 “사망에 이르는 죄”는 사람마다 다를 수 있지만, 누구든 그것을 범하면 그 순간부터 모든 영적 갈망을 잃게 됩니다. 구원받고자 하는 소망도, 회개하고자 하는 마음도, 그리스도를 향한 갈망도 사라집니다. 그 죄가 불러오는 영적 죽음은 너무나 끔찍하여, 범한 사람은 결코 영생을 갈망하지 않게 됩니다. 이런 경우에 대해서는 기도할 필요조차 없습니다. 사도 요한도 “그에 대하여는 구하라 하지 않노라”고 했습니다. 저는 극히 드문 경우지만, 모든 신령한 것에 완전히 무감각하거나, 영적인 것을 조롱하고 비웃는 이들을 만난 적이 있습니다. 저는 가장 악한 죄인이라도 기도하려 하지만, 그런 경우에는 “저 사람을 위해서는 기도할 수 없다”는 생각이 든 적이 있었습니다. 그러나 여러분이 긍휼을 갈망하고, 죄를 미워하며, 죄에서 벗어나기를 원한다면, 여러분은 “사망에 이르는 죄”를 범한 것이 아닙니다.

또 어떤 사람들은 "내가 그리스도를 신뢰하는 것은 주제넘은 일이 될 것"이라는 시험에 시달립니다. 그러나 그것은 또 다른 사탄의 거짓 말입니다. 하나님의 말씀이 하라고 명령하는 일을 하는 것이 어떻게 주제넘은 일이 될 수 있겠습니까? 주 예수 그리스도께서 어떤 사람에게 자신을 신뢰하라고 명하셨다면, 그것은 당연히 그 사람의 의무이며, 따라서 결코 주제넘은 일이 아닙니다. 오히려 "주여, 주께서 주를 신뢰하라 명하셨지만, 저는 감히 하지 못하겠습니다"라고 말하는 것이야말로 최악의 불손입니다.

"나는 원하는 만큼 회개할 수 없습니다."라고 말하는 사람이 있습니다. 누가 당신에게 당신 자신의 회개를 판단하라고 했습니까? 당신은 그리스도께서 하신 일을 신뢰하라고 부름받았습니다.

"나는 원하는 만큼 기도할 수 없습니다." 누가 당신에게 기도를 신뢰하라고 했습니까? 당신은 그리스도께서 당신을 위해 행하신 일을 의지해야 하며, 결코 자신이 할 수 있는 일을 의지해서는 안 됩니다.

"내 마음 상태가 더 나아진다면 소망을 가질 수 있을 텐데." 누가 당신에게 마음 상태를 먼저 고치고 나서 그리스도께 오라고 했습니까? 복음은 이렇게 말합니다. "가난한 죄인이여, 있는 모습 그대로 오라. 그리스도께 전적으로 의지하라. 한때 십자가에 못 박히셨으나 지금은 높이 들리신 구속자의 인격과 피와 의를 온전히 의지하라."

이것을 하는 것이 결코 주제넘은 일이 아닙니다. 아무도 주제넘음으로 하늘에 간 적은 없지만, 셀 수 없이 많은 이들이 그리스도를 신뢰함으로 그곳에 들어갔습니다. 여러분도 오직 그분만 신뢰한다면 그 중 하나가 될 것입니다.

제가 지금까지 언급한 이런 불화살들 외에도, 사람들이 그리스도께 나아올 때 사탄이 그 마음속에 던져 넣는 형언하기 어려운 수많은 속삭임이 있습니다. 그중 어떤 것들은 말로 꺼내기도 조심스러운 것들입니다. 괜히 사탄의 일을 돕게 될 수 있기 때문입니다. 다만 예를 하나 들면, 어떤 남녀는 영혼의 큰 고통 중에 자살 충동을 받기도 합니다. 그 무서운 범죄를 거의 실행할 뻔하다가, 마지막 순간에 어떤 '긍휼'이 손을 내밀어 그들을 긍휼의 문 안으로 끌어들이기도 합니다.

사탄은 속으로 이렇게 생각할 것입니다.

"내가 하나님의 선택받은 사람 중 한 명이라도, 예수를 믿기 전에 스스로 죽게 만들 수만 있다면, 나는 영원히 그것을 자랑할 수 있을 것이다."

그러나 사탄은 지금껏 그런 일을 해낸 적이 없으며, 앞으로도 결코 없을 것입니다.

혹시라도 당신이 그런 죄의 유혹을 받는다면 이렇게 말할 수 있을 것입니다.

"내가 나 자신을 죽여서 무슨 이익이 있단 말인가? '프라이팬에서 뛰쳐나와 불 속으로' 들어가겠다는 것 아닌가? 내 죄에서 벗어나려고, 오히려 죄를 짓는 손으로 창조주의 심판대 앞에 달려가겠다는 것인가?" 이것보다 더 큰 어리석음은 없습니다.

당신이 그토록 급하게 죽음을 맞이하려 하고, 꺼지지 않는 불길 속으로 스스로 뛰어들고 싶은 것입니까? 아, 그런 생각은 버리고, 예수께로 돌이키십시오. 아직도 당신을 위한 소망이 있습니다. 만일 당신이 그분께 자신을 온전히 맡긴다면, 믿음 안에서 기쁨과 평안을 얻게 될 것입니다.

제6장
십자가 앞에 선 크리스천

"이제 나는 꿈에서 보았다. 크리스천이 가야 할 큰길은 양쪽에 담으로 둘러싸여 있었고, 그 담의 이름은 '구원'이라 하였다. 짐을 진 크리스천은 이 길을 달려갔는데, 그의 등에 진 짐 때문에 큰 어려움이 있었다. 그는 달리고 달려서 조금 오르막진 곳에 이르렀다. 그곳에는 십자가가 서 있었고, 그 아래쪽에는 무덤이 있었다."

한 음성이 말했습니다.

"가라, 가라, 갈보리로 가라!"

그러나 그는 그 음성에 떨었습니다. 마음속으로 이렇게 말했기 때문입니다.

'왜 내가 거기로 가야 하는가? 거기서 나는 가장 끔찍한 죄를 지었으니, 내 범죄로 구주를 죽였던 곳이 아닌가.'

그러자 긍휼이 손짓하며 말했습니다.

"오라, 오라, 가난한 죄인이여!"

그리하여 죄인은 따라갔습니다. 발과 손에는 쇠사슬이 채워져 있었지만, 그는 기어가듯이 해서 마침내 갈보리라 불리는 언덕 기슭에 이르렀습니다. 그 언덕 꼭대기에는 십자가가 보였습니다.

오 죄인이여, 내가 바라기는 당신이 십자가 발치에 서서 예수님을 깊이 생각하다가 위로를 얻게 되기를 바랍니다! 믿음에 이르는 가장 빠른 길은 믿음의 대상이 되시는 분을 깊이 묵상하는 것이라고 저는 믿습니다. 위로를 얻는 참된 길은 십자가에서 멀리 떨어져 스스로 위로하려는 것이 아니라, 그리스도께서 나를 위해 죽으신 것을 깊이 생각하다가 위로를 얻는 것입니다. 이렇게 마음에 말하십시오.

"나는 이 귀한 피에 씻기기 전에는 결코 이 십자가를 떠나지 않으리라."

"복되신 구주여, 주의 발 앞에 엎드리나이다.
여기서 고침을 받거나 아니면 죽으리이다.
그러나 은혜는 그 고통스러운 두려움을 막아주네,
전능한 은혜가 여기서 승리하도다."

광야에서 뱀에게 물린 자들이 치료받은 것은 자신의 상처를 바라봄으로가 아니었고, 다른 이들이 나은 소식을 들음으로도 아니었습니다. 오직 놋뱀을 바라봄으로 나음을 받았습니다. 이와 같이, 여러분에게도 치료가 임하는 길은 죄를 바라보는 것이 아니며, 그리스도에 대해 듣는 것만도 아닙니다. 십자가를 주시하고, 그 위에서 죽으신 분을 깊이 묵상함으로써, 그분의 공로를 깊이 생각하다가 믿음이 생기고, 그리하여 구원을 받게 되는 것입니다.

"그래서 나는 꿈에서 보았다. 크리스천이 십자가에 다다르자, 그

순례자는 십자가 발치에 이를 때까지 결코 짐을 벗지 못했고, 그곳
에서야 비로소 영원히 짐을 벗었습니다. 번연이 말하려 한 것은 오늘
날 일반적으로 공경을 받는 로마 가톨릭식 상징이 아니었습니다. 그
는 그런 장신구나 우상숭배에 아무런 존중을 두지 않았습니다. 그의
뜻은, 무거운 짐 진 영혼은 예수님의 속죄 제물만을 신뢰할 때에만 평
안을 얻게 된다는 것이었습니다.

죄는 반드시 벌을 받아야 하고, 양심은 이것을 알기에 죄인을 떨게
합니다. 예수께서는 그를 신뢰하는 자들을 대신하여 형벌을 받으셨
고, 믿는 자는 이것을 알기에 더 이상의 형벌에서 완전히 안전하다는
것을 확신하게 됩니다. 하나님은 의로우시면서도 나는 안전하다는 이
확신이 양심을 쉬게 하고 마음을 기쁘게 합니다. 하나의 죄에 대해 두
번 형벌을 요구하는 것은 정의가 아닙니다. 예수께서 대신 고난당하
셨기에, 그분이 대속하신 자들이 다시 정죄당할 가능성은 없습니다.
예수님의 상처 안에서만 지친 양심이 쉼을 얻을 수 있으며, 다른 곳에
서는 결코 찾을 수 없습니다. 그분의 속죄의 공로를 신뢰하는 자는 그
분을 통하여 진노에서 구원을 받습니다.

네일 박사(John Neale, 영국 성공회 고교회파에 소속된 것으로 분류되는 교회사
·찬송가 학자임—편집자 주)가 『천로역정』을 로마 가톨릭식으로 각색했을
때, 그는 순례자가 어떤 목욕탕에 와서 거기에 몸을 담그고 짐을 씻어
버리는 장면을 넣었습니다. 그 각색본에서는 크리스천이 세례의 물에
씻겨 모든 죄를 제거받았다고 합니다. 이것이 바로 고교회(High Church)

　　　　　　　　　　　　　　　　　　　제6장 십자가 앞에 선 크리스천

식 죄 제거 방식입니다. 그러나 죄를 제거하는 참된 길은 십자가에서
입니다.

네일 박사의 『천로역정』에서는 그 짐이 다시 순례자의 등에 생겨났
습니다. 저는 전혀 놀랍지 않습니다. 세례로만 제거할 수 있는 짐이라
면 반드시 다시 생기기 마련입니다. 그러나 십자가에서 벗겨진 짐은
영원히 다시 나타나지 않습니다.

> "그러자 크리스천은 기쁘고 마음이 가벼워져, 즐거운 마음으로
> 말했다.
> '그분이 자신의 슬픔으로 내게 안식을 주셨고, 자신의 죽음으로
> 내게 생명을 주셨도다.'
> 그는 잠시 서서 바라보며 놀랐습니다. 십자가를 바라보는 것만으
> 로 자기 짐이 풀려 사라졌다는 사실이 그에게는 참으로 놀라웠습
> 니다. 그래서 그는 계속 바라보았고, 또 바라보았으며, 마침내 그
> 의 눈에서 눈물이 흘러내렸습니다."

깨어난 죄인들은 회개를 가볍게 여기는 사람들에게서 위로를 받지
않도록 주의해야 합니다. 회개는 결코 작은 일이 아닙니다. 어떤 사람
들은 "그저 마음을 바꾸는 것일 뿐"이라고 말합니다. 하지만 그것이
얼마나 큰 마음의 변화입니까! 말로는 작게 들릴지 모르지만, 회개 자
체는 결코 사소하지 않습니다. 회개가 반드시 죄로 인한 슬픔을 포함
하지 않아도 된다고 말하는 이들이 있지만, 우리는 그들과, 또 이 말
이 닿을 수 있는 모든 사람들에게 엄중히 경고합니다. 하나님의 뜻대
로 하는 회개 안에 죄를 범한 것에 대한 슬픔이 없다면, 그것은 회개

가 아니며, 도리어 나중에 회개해야 할 회개일 것입니다. 눈물 없는 회개는 진정한 회개가 아닙니다. 참으로 주께 돌아오는 자는 죄로 인해 애통하며, 마치 장자를 잃은 자가 애통하듯 마음이 쓰라립니다.

회개와 믿음은 모두 십자가에서 비롯됩니다. 우리는 이 은혜들을 십자가에 가지고 가는 것이 아니라, 십자가에서 그것들을 발견합니다. 이 은혜들은 예수님이 주시는 사랑의 증표입니다. 그분이 우리 안에 '의의 해'로 떠오르실 때, 이것들이 바로 그분의 첫 광선입니다. 오, 모든 가련한 죄인들이 와서 이 햇빛 속에 앉을 수 있다면 얼마나 좋을까요.

내 죄악을 생각하면—그것들은 누구보다 나 자신이 더 잘 알지만, 하나님께서 아시는 것만큼 알지 못한다는 것도 기억할 때—모든 소망이 쓸려 나가고 내 영혼은 완전한 절망 가운데 남습니다. 그러나 다시 십자가로 와서, 거기서 죽으신 분이 누구이신지, 그분의 죽음이 이룬 무한한 긍휼의 계획이 무엇인지 생각할 때, 소망이 되살아납니다. 다시 십자가에 못 박히신 주님을 바라보며 이렇게 말하는 것은 얼마나 달콤한지요.

"주님, 저는 주님밖에 없습니다. 주님밖에는 신뢰할 이가 없습니다. 만약 주님이 저의 대속물로 받아들여지지 않으신다면 저는 반드시 멸망할 것입니다. 하나님이 세우신 구주께서 충분치 않다면, 저는 다른 구주를 알지 못합니다. 그러나 저는 주님이 아버지께 사랑받는 독생자이심을 압니다. 저는 주 안에서 받아들여졌습니다. 주님은 저의 전부이시며, 제게 필요한 전부이십니다."

사랑하는 여러분, 아마 여러분도 자신의 경험 속에서 알고 있을 것입니다. 여러분의 회심에 가장 강하게 작용한 것은 바로 그리스도의 죽으심이었다는 사실을 말입니다. 저는 '그리스도의 모범적인 삶이 사람들에게 큰 영향을 끼친다'는 말을 종종 듣지만, 그것을 믿지 않고, 실제로 본 적도 없습니다. 그리스도의 삶은 거듭나서 장차 임할 진노에서 구원받고, 그에 대한 감사로 가득 찬 사람들에게는 큰 영향을 미칩니다. 그러나 그 이전에는, 그리스도의 행실을 칭찬하고 그분의 성품의 아름다움에 대해 책을 쓰기까지 하면서도, 그분의 신성을 부인하는 이들을 보아 왔습니다. 본질적인 면에서 그분을 거부하는 이들에게, 그분의 삶에 대한 차가운 찬미는 그들의 행실에 아무 변화도 일으키지 못합니다.

그러나 사람이 예수님의 죽음을 통해 자신이 용서받고 구원받았음을 깨닫게 될 때, 그는 감사하게 되고, 그 다음에는 사랑하게 됩니다. "우리가 사랑함은 그가 먼저 우리를 사랑하셨음이라." 그분이 죽음에서 보여주신 그 사랑이 우리의 존재의 심장을 건드리고, 이전에는 알지 못했던 열정으로 우리를 움직입니다. 그리하여 우리는 한때 달콤하게 여기던 죄를 미워하게 되고, 한때 싫어하던 순종을 온 마음으로 기꺼이 행하게 됩니다.

그리스도의 피를 믿는 믿음이 인간의 성품을 변화시키는 데 있어서, 다른 어떤 이유보다도 더 큰 힘이 있습니다. 한 번 십자가를 본 사람은 죄가 함께 십자가에 못 박히고, 주님의 고난이 나를 위한 것임을 깨닫게 되면, 자신이 자기 것이 아니라 '값 주고 산 존재'임을 느끼게 됩니다. 우리 주 예수의 죽음 속에 나타난 이 구속의 사랑을 깨닫는 것이야말로 차이를 만들어 내는 것입니다. 이것이야말로 우리가 전에 알지 못했던 더 높고 더 나은 삶으로 준비시키는 것입니다. 이것을 이루는 것은 바로 그분의 죽음입니다.

"그가 서서 바라보며 눈물을 흘리고 있는데, 보라, 세 명의 빛나는 존재들이 그에게 다가와 '네게 평안이 있을지어다'라고 인사했다.

첫 번째는 '네 죄가 사함을 받았느니라' 하고 말했고,

두 번째는 그의 누더기를 벗기고 새 옷을 입혀 주었으며,

세 번째는 그의 이마에 표를 하고 봉인된 두루마리를 건네며, '달려가는 동안 이것을 보며, 천성의 문에 이르면 이것을 내밀라'고 하였다.

그리고 그들은 떠나갔다.

그러자 크리스천은 기쁨에 겨워 세 번을 뛰었고, 노래하며 길을 떠났다.

'이만큼이나 죄에 짓눌린 채 왔으나,
내 슬픔을 덜어줄 수 있는 것은 아무것도 없었네.
마침내 내가 여기에 이르렀으니,
이곳이 나의 복의 시작이어야 하는가?
이곳에서 내 짐이 떨어지고,
그것을 묶던 끈이 끊어져야 하는가?
복되도다, 십자가여! 복되도다, 무덤이여!
그러나 더 복되도다, 거기서 나를 위해 수치를 당하신
그분이여!'"

이제 예수님을 믿게 되어 하나님의 영께서 죄 사함을 확증해 주신 어떤 사랑하는 친구를 상상해 보십시오. 그는 어떤 사람일까요? 제가

　　　　　　　제6장 십자가 앞에 선 크리스천

묘사해 드리겠습니다. 벌써 그의 눈에는 전에는 보지 못했던 빛이 반짝이고 있습니다. 그는 정말 잘생겨 보입니다. 이 큰 변화가 있기 전에 그를 알았던 사람이라면 거의 알아보지 못할 것입니다. 예전에는 마음속의 무거운 짐 때문에 항상 곤고해 보였지만, 이제 그것이 사라져 완전히 복된 표정을 짓고 있습니다.

그런데 그의 눈에 눈물이 고여 있습니다. 그는 예전에는 잘 울지 않던 사람이었는데, 이 눈물은 어디서 왔을까요? 그는 자신이 그렇게도 자비로운 하나님을 거역했다는 사실에 마음 아파합니다. 죄가 완전히 사해졌다는 확신만큼 죄를 슬퍼하게 하는 것도 없습니다. 그는 자신이 용서받았음을 알고, 하나님이 자신을 사랑하심을 확신합니다. 그래서 자신이 한때 그렇게 비참하게 타락했었다는 것을 혐오합니다. 그러나 그 눈물을 현미경으로 들여다보거나 성분을 분석해 본다면, 그 안에는 전혀 쓴맛이 없습니다. 그는 십자가 발아래 서서, 회개의 눈물 속에 무지갯빛 같은 기쁨을 함께 담아, 주님의 발을 눈물로 씻고 있습니다.

이제 그가 집으로 돌아갑니다. 그곳에 신앙의 친구들이 있다면, 그들은 곧 그의 안에서 일어난 변화를 알아차릴 것입니다. 그리고 그는 오래지 않아 그 복된 비밀을 털어놓고 싶어집니다. 어머니가 아들에게 무슨 일이 있었는지 묻자, 그는 어머니의 목을 껴안고 "어머니, 제가 주님을 만났어요"라고 말합니다. 어머니는 매우 기뻐하며, 아마도 무척 놀랄 것입니다. 그는 전에는 종교 이야기를 잘 하지 않았고, 오히려 가끔 비웃고 조롱하던 사람이었기 때문입니다.

그가 그날 밤 기도하지 않고 잠자리에 들까요? 아닙니다. 누가 기도하라고 시키지 않아도 그는 이미 집에 오는 길 내내 기도했고, 앉아 있는 동안에도 기도했습니다. 이것이 그가 처음으로 드리는 진짜 기도입니다. 이제 기도는 살아 있는 사람이 숨 쉬는 것처럼 그에게 자연스러운 일이 되었습니다.

그리스도인들이 주의 길에서 노래하기 시작하는 때는 바로 십자가 발치에서 짐을 벗어버린 그 순간입니다. 천사의 노래조차도, 용서받은 하나님의 자녀의 마음 깊은 곳에서 터져 나오는 첫 기쁨의 노래만큼 달콤하지는 못합니다. 그러니 불쌍한 순례자가 짐을 벗은 후 기쁨에 세 번을 뛰고 노래하며 나아갔다는 것은 당연한 일입니다.

"복되도다, 십자가여! 복되도다, 무덤이여!
그러나 더 복되도다, 거기서 나를 위해 수치를 당하신 그분이여!"

믿는 이여, 당신은 사슬이 풀리던 그날을 기억하십니까? 예수께서 당신을 만나 "내가 너를 영원한 사랑으로 사랑하였노라. 네 허물을 구름같이, 네 죄를 안개같이 지웠으니, 다시는 그것들이 너를 정죄하지 못하리라" 하시던 그곳을 기억하십니까?

아, 예수께서 죄의 고통을 거두어 가실 때가 얼마나 달콤한 때인지요. 주께서 처음으로 내 죄를 사해 주셨을 때, 나는 너무 기뻐서 춤추고 싶은 마음을 억누를 수 없었습니다. 자유를 얻은 그 집에서 나와 집으로 가는 길에, 거리의 돌들에게도 나의 구원의 이야기를 전하고 싶을 정도였습니다. 내 영혼이 기쁨으로 가득 차서, 하늘에서 떨어지는 눈송이들에게도, 나 같은 반역자의 죄를 지워 주신 예수님의 놀라운 사랑을 말해 주고 싶었습니다.

그 복된 날, 구주를 발견하고 그 발에 매달리는 법을 배운 날은 결코 잊을 수 없습니다. 그날의 기쁨은 이루 말할 수 없을 정도였습니다. 아무리 광적인 표현이라도, 그 시간의 내 영혼의 기쁨에는 어울렸을 것입니다. 그 이후로 많은 날들이 지나갔지만, 그 첫날만큼 온몸이 들뜨고 마음이 반짝였던 날은 없었습니다. 나는 자리에 앉아 있다가도 벌떡 일어나 외치고 싶었습니다.

"나는 용서받았다! 나는 용서받았다! 은혜의 기념비여! 보혈로 구원받은 죄인이로다!"

내 영혼은 사슬이 산산조각 나는 것을 보았습니다. 나는 자유함을 얻은 영혼, 하늘의 상속자, 용서받은 자, 예수 안에서 받아들여진 자가 되었고, 끔찍한 구덩이와 진흙탕에서 건져 올려져 발이 반석 위에 놓이고 걸음이 견고해졌습니다. 나는 존 번연이, 갈아엎은 밭 위의 까마귀들에게 자기 회심 이야기를 전하고 싶었다고 말한 것을 충분히 이해할 수 있었습니다.

어떤 한 그리스도인이 "구주를 만났을 때 너무 기뻐서 도무지 스스로를 주체할 수 없었고, 온 악단이 연주하는 듯이 노래를 불렀다"고 말하는 것을 들은 적이 있습니다.

"복된 날, 복된 날,
예수님이 내 죄를 씻어 주신 날."

참된 믿는 자들의 특권은 "늘 노래하는" 것입니다. 하나님 안에서 기뻐하는 것은 우리의 신분에 어울립니다.

"어찌하여 왕의 자녀들이

주 안에서의 기쁨은 사탄의 왕국에 가장 큰 타격을 줍니다. 루터는 나쁜 소식을 들으면 이렇게 말했다고 합니다. "자, 시편 찬송을 불러서 마귀를 약 올립시다."

"그들이 주의 길에서 노래하리라." 길이 험해지고 고난의 길이 되며, 고통이 잦고 심할 때에도 계속 노래하십시오. 여호와의 귀에 가장 달콤한 음악은 고난받는 성도들의 노래입니다. 그들은 침상에서 주를 찬송하고, 불 속에서도 그분을 높이 찬양합니다. 사망의 음침한 골짜기를 지나며 계속 노래하고, '어려움의 언덕'을 오르며 노래하며, 거인 그림을 지나고, 거인 절망의 성과 마법의 땅을 지나면서도 계속 노래하며, 강가에 이르러 강 속으로 들어가면서도 노래하는 것—이것이야말로 그리스도인에게 아름다운 모습입니다. 우리의 나그네 길에서 주의 율례가 노래가 되어, 마침내 위에서 노래할 그날까지 계속되기를 바랍니다.

우리가 가진 모든 것은 십자가에 달리신 예수님으로부터 온 것입니다. 형제들이여, 여러분의 생명은 곧 십자가가 아닙니까? 여러분 영혼의 양식은 어디서 오며, 여러분의 기쁨은 무엇입니까? 여러분의 즐거움, 여러분의 하늘은 무엇입니까? 바로 여러분을 위해 십자가에 못 박히셨고, 지금도 여러분을 위해 중보하시는 복되신 그분이 아니겠습니까? 그러므로 십자가를 꼭 붙드십시오. 두 팔로 단단히 껴안고, 십자가에 달리신 그분을 결코 놓지 마십시오. 지금 이 순간 다시 십자가로 나아가, 이제부터 영원까지 그곳에서 안식하십시오. 그리고 하나님의 능력을 덧입고 나아가 십자가를 전하십시오. 피 흘리신 어린양의 이야기를 전하고, 오직 그 놀라운 복음을 반복해서 말하십시오. 어떻게 전하든 상관없습니다. 오직 예수께서 죄인을 위해 죽으셨음을 선포하십시오. 아기의 손에 들린 십자가도 거인의 손에 들린 십자가만큼이나 강력합니다. 그 능력은 말씀 자체에—아니, 그 말씀을 통해 역사하시는 성령께 있습니다.

오 영광스러운 그리스도여, 내가 주의 십자가를 바라볼 때, 처음에는 그것이 평범한 교수대처럼 보였고, 주께서는 범죄자처럼 달려 계셨습니다. 그러나 바라보면 볼수록, 그 십자가가 하늘 꼭대기까지 솟아올라, 그 능력으로 무수한 무리를 하나님의 보좌까지 끌어올리는 것을 보았습니다. 그 팔이 뻗어 온 세상을 감싸는 것을 보았습니다. 그 발은 우리의 깊고 절망적인 비참함만큼이나 깊이 내려간 것을 보았습니다. 오, 십자가에 달리신 주여, 내가 주님의 위엄을 이렇게 보았습니다.

형제들이여, 여러분 주위의 사람들을 변화시키는 십자가의 능력을 믿으십시오. 어떤 사람도 구원받을 수 없다고 말하지 마십시오. 예수님의 피는 전능합니다. 어떤 지역도, 어떤 부류의 사람도 너무 타락했다고 단정하지 마십시오. 십자가의 복음은 잃어버린 자를 되찾습니다. 그것이 하나님의 능력임을 믿으십시오. 그러면 여러분은 반드시 그것이 사실임을 보게 될 것입니다. 십자가에 못박히신 그리스도를 믿고, 그 이름으로 담대히 전파하십시오. 그러면 여러분은 크고 기쁜 일을 보게 될 것입니다. 기독교의 최종 승리를 의심하지 마십시오. 마음에 불신을 스치게 하지 마십시오. 십자가는 반드시 승리합니다. 그것은 반드시 면류관으로 꽃피울 것입니다. 그 면류관은 십자가에 달리신 분의 인격과 그분의 고통의 깊이에 상응할 것입니다. 그분의 보상은 그분의 슬픔에 비례할 것입니다.

하나님을 신뢰하고 깃발을 높이 드십시오. 시편과 찬송으로 전진하십시오. 만군의 여호와께서 우리와 함께하시며, 지극히 높으신 이의 아들이 우리 앞에서 행진하십니다. 나아가십시오! 은 나팔 소리와 승리의 함성으로 나아가십시오. 아무도 낙심하지 마십시오! 그리스도께서 죽으셨습니다! 속죄가 완성되었습니다! 하나님이 만족하셨습니다! 평화가 선포되었습니다! 하늘에는 수없이 많은 자들이 이미 받은 긍휼의 증거로 빛나고 있습니다! 지옥은 떨고, 하늘은 경배하며, 땅은 기다리고 있습니다. 성도들이여, 반드시 승리할 싸움으로 나아가십시오! 여러분은 어린양의 피로 말미암아 이길 것입니다.

제7장
형식주의와 위선

"크리스천은 좁은 길 왼편 담을 타고 넘어오는 두 사람을 보았다. 곧 그에게 다가온 그들의 이름은 '형식주의'와 '위선'이었다. 그는 그들과 이렇게 대화를 나누었다.

크리스천 : 여러분은 어디서 왔으며, 어디로 가는 중입니까?

형식주의와 위선 : 우리는 허영국에서 태어났으며, 칭찬을 얻기 위해 시온산으로 가는 길입니다.

크리스천 : 왜 길의 시작에 있는 문으로 들어오지 않았습니까? '문으로 들어오지 아니하고 다른 데로 넘어가는 자는 도둑이요 강도'라 하신 것을 모르십니까? (요 10:1)

그들은 문으로 가는 길은 자기 나라 사람들에게 너무 멀다고 여겨져, 언제나 가까운 길로 담을 넘어왔다고 했다.

크리스천 : 그러나 우리가 가는 그 성의 주님이 계시로 알려주신 뜻을 이렇게 어기는 것이 범법이 되지 않겠습니까?

그들은 그런 일로 마음 쓸 필요가 없으며, 자신들의 행위는 오래된 관습에 따른 것이라 필요하다면 천 년 넘게 전해진 증거도 제시할 수 있다고 말했다."

크리스천은 십자가 앞에서 누더기를 벗고 새 옷과 이마의 표, 인봉된 두루마리를 받은 후 기쁨으로 길을 갔습니다. 얼마 가지 않아 발에 족쇄를 찬 채 잠들어 있는 세 사람을 보았습니다. 그들의 이름은 '우매', '게으름', '자만'이었습니다. 크리스천이 그들을 깨워 쇠사슬을 풀어주려 했으나 그들은 곧 다시 누웠고, 그는 혼자 길을 갔습니다.

그때, 좁은 길 왼편 담을 넘어오는 두 사람을 보았습니다. 아마도 그들은 어떤 부흥집회에서 갑자기 그리스도인이 되기로 결심했을 것입니다. 그러나 그들은 참된 회개와 십자가에 달리신 구주에 대한 살아 있는 믿음을 얻으려는 수고를 하지 않았습니다. 마음의 실제 변화나 성령의 내적 역사에는 관심이 없었고, 단지 겉으로 그리스도인 행세를 하며 교회에 들어오려 했습니다. 그들은 그리스도인들이 입는 특정한 옷차림을 흉내내며, 마음이 하나님 앞에서 올바른지는 신경 쓰지 않았습니다.

번연은 "그들이 금세 크리스천을 따라잡았다"고 말합니다. 크리스천이 이곳까지 오기까지 오랜 시간이 걸렸지만, 그들은 단 몇 분 만에 그를 따라잡았습니다. 뿌리가 없는 사람일수록 빨리 자라는 것처럼 보이지만, 사실은 전혀 자라고 있는 것이 아닙니다. 값싼 비누와 파이프로 금세 만들어낸 비누방울이 화려한 빛깔로 반짝이지만 곧 사라지듯, 겉모습만 그럴듯한 종교는 오래가지 않습니다.

가짜 신앙을 경계하십시오. 흔한 나무를 칠해 참나무나 백단목처럼 보이게 하는 것은 쉽지만, 진짜 참나무를 기르려면 수년이 걸리고 백단목을 먼 나라에서 가져오려면 수개월이 걸립니다. 좋은 것을 흉내내는 일은 빠르지만 오래가지 않습니다. 나이 든 신자들을 금세 따라잡는 이들이여, 책에서 배운 것이나 간증 모임에서 주워들은 것이 아니라 반드시 자신의 체험을 가져야 합니다. 아무 짐도 없는 사람은 빨리 달릴 수 있습니다. 빈 북이 큰 소리를 내고, 얕은 시내가 빠르게 흐르는 것처럼 형식주의와 위선도 금세 크리스천을 따라잡았습니다.

저는 '형식주의'가 어느 교파 출신이었는지는 모릅니다. 그러나 그의 아버지는 잘 알고 있었고, 그에게는 여러 자녀가 있었습니다. 그중 한 명은 영국 국교회에 다녔고, 사실 그 가문의 두세 사람은 늘 그곳에 출석하며 행복하고 안정된 생활을 했습니다. 그들 중 한두 명은 영국 국교회를 넘어 로마 가톨릭 쪽으로 기울어 의식과 화려한 의복을 늘려갔습니다. 또 한 아들은 장로교인이었는데 로마주의적 요소는 전혀 참지 못했지만, 교회의 모든 형식을 고수하는 데에는 매우 엄격했습니다. 또 다른 아들은 침례교인이었는데 그는 교리적으로 아주 철저한 사람이었습니다. 교리를 정확히 알고 있었고, '파운드에는 반드시 16온스가, 아니 그보다 조금 더 있어야 한다'고 주장했습니다. 그는 신자의 침례(believer's baptism, 영·유아 세례 infant baptism와 달리 본인이 복음을 이해하고 믿음으로 응답한 후에 받는 침례를 가리키는 용어임-편집주)와 주의 만찬을 수호하기 위해서라면 물불을 가리지 않았습니다. 확실하지는 않지만, 저는 때때로 '형식주의' 가문의 누군가는 지금도 우리 회중 가운데 있을지도 모른다고 생각합니다. 아들이 아니면 손자쯤이 이곳에 다니는지도 모릅니다. 이런 부류의 사람들이 많기 때문에 그들 중 일부가 우리에게 오는 것을 이상히 여길 필요는 없습니다.

그들은 이렇게 말합니다. "우리는 그리스도인이 되려고 합니다. 그러려면 이런저런 외적 행위를 해야 하지요. 기도회에 참석하고, 성경 공부반에 나가고, 장로들을 만나고, 세례를 받고, 교회에 가입해야 합니다. 이것을 다 하면 틀림없이 올바른 길에 들어선 것입니다. 하나님의 교회가 우리가 옳다고 증명해 준 것이나 마찬가지 아니겠습니까? 물론 우리는 담을 넘어왔고, 죄로 인해 낮아진 적도 없고, 주 예수 그리스도를 신뢰하지도 않았습니다. 그래도 우리는 올바른 길에 있습니다. 모두가 그렇게 말하지 않습니까? 그러니 다 잘된 것입니다." 이것이 바로 '형식주의'였습니다.

그러나 '위선'은 둘 중 더 큰 악당이었습니다. 그는 전혀 믿음이 없었습니다. 형식주의는 나름 어떤 종류의 믿음을 가지고 있었고 의식과 형식에 무언가 의미가 있을지도 모른다고 생각했습니다. 하지만 위선은 마음속으로 이렇게 말했습니다. "이건 전부 그럴듯한 이야기일 뿐이야. 그래도 아주 체면 있는 이야기지. 내가 믿는 척하면 사람들이 나를 더 좋게 보겠지." 저는 이 가문의 한 사람이 "교회에 등록하면 시립 양로원에 들어갈 수도 있겠군"이라고 말한 것을 기억합니다. 또 다른 이는 "매주 얼마씩 연금을 받을 수 있겠지"라고 생각했습니다. 또 다른 이는 "목사가 되어 그걸로 좋은 생계를 얻을 수 있겠다"고 생각했고, 또 다른 이는 "장사에 도움이 되겠군. 사람들이 '그는 저 교회에 다니는 사람이니 거래해야지'라고 하겠지"라고 속으로 말했습니다.

이런 부류는 매우 많습니다. 그리고 어떤 이들은 그리스도인 행세를 해서 금전적 이익을 얻을 생각은 없지만 이렇게 느낍니다. "이렇게 하면 괜찮은 사람처럼 보이지. 친구들에게 존경과 신뢰를 얻을 수 있고, 어머니도 기뻐하시고, 남편도 좋아할 것이며, 모든 친구들이 흐뭇해하며 나를 대단히 여길 것이다.” 그래서 그 사람은 속으로 “아무것도 아닌 일이지만”이라고 하면서도 이 길에 들어섭니다. 그는 담을 넘어왔고, 참된 경건의 내적 능력에는 관심이 없습니다. 그저 기독교회 안에 들어왔다는 사실만으로 만족하고 거기에 머물려고 합니다. 때로는 “나는 너희 대부분만큼은 괜찮다”고 말하며, 자신이 속으로는 완전히 썩었다는 것을 알면서도 유창하게 말하지 못하고 겉치레가 없는 진실한 신자들보다 스스로를 우월하게 여깁니다.

이 두 사람은 금세 크리스천에게 다가왔습니다. 크리스천은 그들을 반겼습니다. 그리스도인의 의무는 누구든 의심하는 것이 아니기 때문입니다. 누군가가 올바른 길에 있는 것을 보면, 그가 거짓임이 드러나기 전까지는 진실하다고 여겨야 합니다. 영국 법이 “누구나 도둑으로 증명되기 전까지는 정직한 사람으로 여겨야 한다”고 하는 것처럼 기독교회에서도 마찬가지여야 합니다. 좁은 길에 있는 그들을 본 크리스천은 이렇게 물었습니다. “어디서 왔습니까?” 그들은 “우리는 ‘허영국’에서 태어났습니다”라고 답했습니다. 모든 형식주의자와 위선자는 거기서 옵니다. 그들은 자신을 자랑하고, 자기 마음이 옳다고 생각하며, 본래의 선함이면 충분하다고 결론짓습니다. 그래서 몇 가지 형식과 형식적인 신앙고백만으로도 심판 날에 충분하다고 여깁니다. 크리스천이 또 물었습니다. “어디로 가고 있습니까?” 그들이 말했습니다. “우리는 칭찬을 얻기 위해 시온산으로 가고 있습니다.” 아, 이 칭찬에 대한 사랑이여! 그것은 가장 무서운 올무입니다. 우리는 모두 칭찬을 좋아합니다. 이를 부인하는 것은 소용없습니다.

“교만한 자는 칭찬을 얻기 위해 고된 수고를 감수하고, 겸손한 자는 칭찬을 피하려 하지만 결국은 그것을 얻는다.”

우리 모두는 때때로 그것을 바라봅니다. 아무도 자신이 전혀 원하지 않는다고 말할 수 없습니다. 물론, 누가 흙손으로 발라 주듯 두껍게 아부를 하면 싫어집니다. 빵 위에 버터가 너무 두껍게 발리면 가짜가 아닐까 의심하게 됩니다. 우리는 모두 어느 정도의 칭찬을 기꺼이 받지만 그런 상황에서 건강한 상태를 유지하기란 어렵습니다.

이 두 사람은 교만을 추구하는 자들이었고, 하나님의 칭찬보다 사람의 칭찬을 더 사랑했습니다. 형제 여러분, 우리도 때때로 칭찬을 받으려는 욕심 때문에 선한 일을 하지는 않습니까? 오늘 저 자신도 이 문제를 곱씹게 되었습니다. 저는 별로 내키지 않는 어떤 일을 맡았는데, 할 수만 있다면 피하고 싶었습니다. 성공할 자신도 없고, 시간과 수고만 많이 들 것이기 때문입니다. 그러나 속으로 투덜거리던 중에 “이 일로 영예도, 칭찬도 얻지 못하겠지만, 오직 하나님의 영광만을 바라보고 한다면 그것으로 충분하다”는 생각이 들었습니다. 제가 좋아하는 일을 맡아 잘하면 사람들은 “정말 잘했다”고 칭찬하겠지만, 마지막 날 주님께서 주시는 “잘하였도다”라는 말씀을 듣지 못할 수도 있습니다. 그러나 육신이 꺼리는 일을 오직 주님의 영광만을 위해 하면 결과와 상관없이 주님이 기뻐하신다는 달콤한 만족을 얻을 수 있습니다. 그러니 “칭찬을 얻으려고 시온산에 가는” 일을 경계하십시오.

크리스천은 이 두 사람에게 중요한 질문을 했습니다. “왜 길의 시작에 있는 문으로 들어오지 않았습니까?” 혹시 여기 누군가가 “나는 괜찮아. 늘 본당 예배에 참석했고, 유아세례를 받았고, 세례를 받았다”라고 말하고 있다면, 저는 묻고 싶습니다. “왜 길의 시작에 있는 문으로 들어오지 않았습니까?” 하나님께서 명하신 대로 살아계신 구주를 향한 산 믿음과 회개, 그리고 오직 길이요 진리요 생명이신 그분께 의지함으로 오지 않은 이유가 무엇입니까? 교인으로 얼마나 오래 있 었든, 하나님의 생명이 내 안에 없다면 차라리 그 위치를 내려놓는 것 이 낫습니다. 장례 수의처럼 영혼을 감싸는 죽은 신앙 고백으로는 결 국 멸망할 뿐입니다.

크리스천의 질문에 대해, 형식주의와 위선은 자기들 나름의 이유를 댔습니다. "우리 나라 사람들은 문으로 돌아 들어오는 길을 너무 멀다 고 생각합니다. 그래서 우리는 늘 담을 넘어 들어옵니다." 형식주의자 들은 이렇게 생각합니다. "유아세례, 입교, 성찬, 예배 출석 같은 것은 괜찮다. 그러나 죄를 회개하고, 믿고, 그리스도를 붙들며, 거룩을 추구 하는 것은… 너무 멉니다." 그래서 그들은 담을 넘습니다. "평안하다, 평안하다"라고 외치지만 실제로는 평안이 없습니다. 사랑하는 여러 분, 그렇게 어리석지 않기를 바랍니다. 아무리 멀리 돌아가더라도 옳 은 길로 가는 것이, 성급하게 잘못된 결론에 뛰어들어 결국 착각 속에 사는 것보다 낫습니다. 사실 그 길은 멀지 않습니다. 안전한 길이 곧 짧은 길이며, 그리스도를 믿는 것이 영생에 이르는 직행로입니다.

크리스천은 또 물었습니다. "만약 문을 통하지 않고 길에 들어오는 것이 하나님께 죄가 된다면, 어떻게 하나님께 받아들여질 수 있겠습 니까?" 믿음 없이는 하나님을 기쁘시게 할 수 없는데, 어떻게 형식과 의식에 의지해서 하나님을 기쁘시게 할 수 있겠습니까? 그리스도를 통해 자비와 용서를 받지 않은 기도조차 하나님께는 가증합니다. 성 경 읽기, 예배 참석, 주일학교 봉사 등 어떤 것이든 그것 자체에 의지 한다면, 그것은 결국 예수님 대신 '또 다른 그리스도'로 삼는 것입니 다. 시작이 잘못되면 끝이 옳을 수 없습니다. 문으로 들어오지 않는다

　　　　　　　　　　　　　　　　제7장 형식주의와 위선

면 결코 낙원에 이를 수 없습니다.

이 두 사람은 "그럴 필요 없습니다"라고 대답했습니다. 이는 많은 형식주의자와 위선자들의 공통된 반응입니다. 그들은 대놓고 불신앙을 고백하는 사람보다 더 다루기 어렵습니다. 신앙이 전혀 없는 사람은 당신의 말을 들어줄 때가 있지만, 많이 아는 척하면서 실천이 없는 이들은 "나는 너만큼 괜찮다"며 네 일이나 하라고 말합니다. 그러나 참된 성도는 그런 권면을 들으면 자신을 살펴보는 기회로 삼고, 상처를 주는 말씀에도 감사하고 자신을 깊이 살피게 하는 말씀을 기꺼이 받는 것이 건강한 마음의 증거입니다. 반대로 "네 종교는 네가 지키고, 나는 내 길을 간다. 나도 너만큼 옳다"라고 말하는 것은 위선과 형식주의의 무서운 증거입니다.

이 사람들은 또 크리스천에게 이것이 천 년이 넘도록 이어져 온 관행이라고 장담했습니다. 그 말만큼은 사실입니다. 사람들은 예로부터 외적인 형식에 의지하며, 아무것도 아니면서 스스로 무엇인가 된 듯 생각해 왔습니다. 그리스도와 함께 걸었고 같은 그릇에 담긴 음식을 함께 먹었던 자조차 그분을 배신했습니다. 경건의 모양은 있으나 그 능력을 부인하는 자들이 항상 있어 왔습니다. 사도 시대의 엄숙한 잔치 자리에도 그러한 자들이 "점"처럼 있었습니다. 그들은 "물 없는 구름, 열매 없는 나무, 두 번 죽어 뿌리째 뽑힌 자들"이었습니다. 지금도 마찬가지입니다. 형식주의와 위선에는 실로 오래되고 권위 있는 전례가 있습니다. 로마에 가면 그런 것을 얼마든지 볼 수 있습니다. 영국의 많은 교구 교회에 가 보면 형식이 미친 듯이 치닫는 모습을 보게 됩니다. 심지어 우리 비국교도 예배당에도, 겉보기에는 점잖아 보이지만 그 안에는 죽은 형식주의가 얼마든지 자리하고 있습니다.

안타깝게도 이것이 온 나라에 걸쳐 많은 자칭 그리스도인들의 종교입니다. "믿음이나 영혼과 하나님 사이의 중요한 문제는 신경 쓸 필요 없다. 다만 예배당에 가서 자리에 앉아 있으면 모든 것이 잘될 것이다." 이것은 거짓 종교입니다. 하나님께서 우리를 이런 것에서 구하시기를 바랍니다! 우리가 그리스도를 향한 사랑과, 그의 속죄 사역을 믿는 믿음 안에서 진실하기를 바랍니다!

제8장
형식주의와 위선 – 결론

저는 크리스천이 문제를 이렇게 시험대에 올린 방식을 좋아합니다. 그리고 '형식주의'와 '위선'에게 던졌던 이 질문을 여러분 각자에게도 전하고 싶습니다. "당신의 행위가 율법의 심판대에서 과연 통과할 수 있겠습니까?"

주 예수 그리스도만을 의지하고 있다면, 우리는 그 어떤 법정에서의 심판도 두려워할 이유가 없습니다. 법에 따르면, 사람이 약속을 지키는 것은 마땅하며, 맹세를 한 자가 그 맹세를 지키는 것도 당연합니다. 그리고 하나님은 거짓말하실 수 없는 두 가지 변할 수 없는 것을 주셨습니다. 곧, 그의 약속과 그의 맹세입니다. "이는 하나님이 거짓말을 하실 수 없는 이 두 가지 변하지 못할 사실로 말미암아 앞에 있는 소망을 얻으려고 피난처를 찾은 우리에게 큰 안위를 받게 하려 하심이라"(히 6:18).

이것이야말로 율법의 심판대에서도 설 수 있는 길입니다. 우리가 그를 믿는다면, 그는 반드시 우리를 용서하실 것입니다.

그러나 두 사람은 이 날카로운 질문에 대답할 수 없었습니다. 대신 그들은 크리스천에게 이렇게 말했습니다. "우리가 이 길 안에만 들어와 있으면, 어떤 길로 들어왔든 무슨 상관이 있느냐? 너도 길 안에 있고, 우리도 길 안에 있다. 네가 문으로 들어왔듯이, 우리는 담을 넘어 들어왔다. 결국 같은 길 아니냐?"

오늘날에도 많은 사람들이 이렇게 말합니다. "당신도 신앙을 고백하는 사람이고, 우리도 그렇다. 당신이 주의 만찬에 참여하듯, 우리도 참여한다. 당신이 그리스도인이듯, 우리도 그리스도인이다. 누가 누구보다 더 낫겠는가? 각자 제자리에서 서 있을 뿐이다."

이런 사람들은 자신들이 참된 신자들과 똑같거나, 심지어 더 낫다고 주장하기도 합니다. 저는 형식주의자가 이렇게 말하는 것을 종종 들어왔습니다. "나는 당신보다 훨씬 낫소. 당신은 종종 자신이 마땅히 도달해야 할 수준에 미치지 못했다고 고백하잖소. 기도 중에도 스스로 완전하지 않다고 인정하잖소. 그러나 나는 완전하오."

실제로, 교회에 가입하러 온 어떤 사람이 제 질문에 이렇게 대답했습니다. "저는 지난 6개월 동안 생각과 말과 행동에서 단 한 번도 죄를 지은 적이 없습니다." 제가 "정말입니까?"라고 묻자 그는 확신 있게 "그렇습니다"라고 대답했습니다. 그래서 저는 이렇게 말했습니다. "그렇다면 저는 당신을 이 교회의 회원으로 추천할 수 없습니다. 우리

중에는 그런 사람이 단 한 명도 없기 때문입니다. 당신은 우리 같은 불완전한 사람들 사이에서 아마 행복하지 못할 것입니다." 그리고 그를 돌려보냈습니다.

또 어떤 이들은 절대적 완전함을 주장할 정도로 어리석지는 않지만, 거의 그 경지에 도달했다고 여깁니다. 오늘 저는 "금빛 테두리에 비단 안감을 댄 상아로 만든 교회용품" 광고를 보고 웃었습니다. 주일마다 "비참한 죄인들"이 쓸 용품이라고 말이지요. 참으로 이상하지 않습니까? 하지만 우리의 종교생활 가운데 얼마나 많은 부분이 이와 같은 겉치레인지 모릅니다. 우리는 심지어 겸손 속에서도 교만을 숨기곤 합니다.

'형식주의'와 '위선'이 크리스천에게 "우리가 보기엔 네가 우리와 다른 점은 네 등에 걸친 옷뿐이구나. 아마도 이웃이 네 벌거벗음을 가리기 위해 준 것이겠지."라고 말했을 때, 참된 순례자는 매우 적절한 대답을 했습니다.

"이 옷은 내가 가고 있는 곳의 주인께서 내게 주신 것이오. 말씀하신 대로, 내 벌거벗음을 가리기 위해 주셨지요. 나는 이것을 그분의 자비의 표로 여기고 있소. 전에는 누더기밖에 없었지만, 이 옷을 입었소. 그리고 나는 가는 길마다 이렇게 생각하면서 위로를 받소. '내가 그 성의 문에 이를 때, 그 주인은 내 등에 있는 이 옷을 보고 나를 알아보실 것이 확실해. 이는 그분께서 나의 누더기를 벗기고 주신 옷이니.'"

이것은 형식주의자가 절대 흉내 낼 수 없는 것 중 하나입니다. 곧,

그리스도의 의의 옷과, 동시에 자신이 얼마나 불의하며 누더기 같은 존재인지를 겸손히 인정하는 마음입니다. 위선자는 자신이 불의하다고 결코 시인하지 않고, 형식주의자는 자신의 모든 의가 더러운 누더기와 같다는 것을 인정하지 않습니다. 그는 자기 의가 하나님께서 요구하시는 전부이며, 그것으로 충분히 목적을 이룰 수 있다고 여깁니다. 그러나 마음이 상하고 통회하는 사람은 사람들 앞에서 부끄러워하지 않고 이렇게 말할 수 있습니다. "그렇소. 나는 누더기였고, 길을 잃었으며, 완전히 망한 자였소. 당신이 비웃으려고 한 말이지만, 사실 그대로요. 나는 남이 준 옷을 걸친 거지일 뿐이오."

저는 크리스천의 성품 중 이런 점이 좋습니다. 곧, 사람들이 그를 놀리기 위해 한 말이었지만, 그는 그 일 때문에 오히려 하나님께 감사할 이유를 찾았다는 점입니다.

하지만 크리스천이 이어서 두 사람에게 한 말은, 제 생각에 그리 지혜로운 대처는 아니었습니다. 그는 자기 옷에 대해 말한 뒤 이렇게 덧붙였습니다.

> "'게다가 내 이마에는 표시가 있소. 어쩌면 당신들은 눈치채지 못했을 것이오. 그 표는 내 짐이 어깨에서 떨어지던 날, 내 주님의 가장 가까운 벗 중 한 사람이 내 이마에 새겨준 것이오. 그리고 나는 그때 봉인된 두루마리를 받았소. 길을 가는 동안 읽으며 위로받도록 주신 것이지요. 또 그 두루마리를 천상의 문에 제출하라는 명령을 받았는데, 이는 내가 반드시 그곳에 들어가게 될 것이라는 증표이오. 당신들에게는 이 모든 것이 없을 것이고, 그것은 당신들이 문으로 들어오지 않았기 때문이오.'

당연합니다. 그들이 이마의 표와 손의 두루마리에 대해 알 리가 없
지요. 그들은 교회에 가입했고, "성찬"을 받았으며, 통상적인 의식을
지켰습니다. 그러니 자신들은 틀림없이 옳다고 생각한 것입니다. "이
마의 표라니, 그게 무슨 소용이 있소?" 한 사람이 말했고, 또 다른 이
는 "그 두루마리는 또 무엇이오?"라고 말했을 것입니다.

친애하는 여러분, 하나님의 비밀이나 내면의 영적 체험을 아무에게
나 너무 성급하게 말하지 마십시오. 이런 것을 알아들을 수 있는 사람
을 만났을 때, 하나님께 영광을 돌리기 위해 기꺼이 증언하십시오. 그
러나 단순한 형식주의자나 교묘한 위선자와 이야기할 때는, 그가 자
기 속에 있는 무엇을 의지하고 있다는 것을 알게 되면, 주께서 여러분
을 위해 하신 일을 길게 말하기보다는 그가 믿고 있는 자기 의의 거짓
됨을 보여주는 것이 더 낫습니다. 우리 주님의 명령, 곧 거룩한 것을
개들에게 주지 말고, 진주를 돼지 앞에 던지지 말라는 말씀을 어기지
마십시오. 그렇지 않으면 그들이 돌아서서 여러분을 해칠 수 있습니
다. 하나님 앞에서 겸손히 행한다는 말을 꺼내는 순간, 그들은 여러분
을 비웃을 것입니다.

이제 번연이 묘사하는 순례자의 모습이 나옵니다.

"그 후 나는 그들이 모두 함께 가는 것을 보았으나, 크리스천은
앞서 있었고, 다른 사람과는 더 이상 말을 나누지 않았으며, 가끔
은 한숨을 쉬며, 가끔은 위로를 받으며 혼잣말을 했다."

비록 존 번연은 저를 본 적이 없지만, 그는 제 모습을 아주 정확하게 그려놓았습니다. 왜냐하면 저도 바로 그렇게 스스로에게 말을 거는 사람이기 때문입니다. 때로는 한숨 섞인 말로, 때로는 위로의 말로. 저는 내면을 바라볼 때는 한숨이 나오는 말을 하고, 그리스도를 바라볼 때는 위로를 주는 말을 합니다. 주위를 둘러보며 온갖 시험과 어려움을 볼 때는 한숨이 나오는 말을 하고, 아버지의 사랑을 올려다볼 때는 위로의 말을 합니다. 어떤 주님의 백성들이 마땅히 살아야 하는 모습대로 살지 않는 것을 볼 때는 한숨 섞인 말을 하지만, 곧 그들을 흠 없이 자기 영광의 임재 앞에 세우시려는 주님의 영원한 뜻을 생각하면 위로의 말을 합니다.

며칠 전, 거리를 걷는데 어떤 사람이 큰 소리로 혼잣말을 하고 있어 저는 제게 하는 말인 줄 알았습니다. 물론 길에서 큰 소리로 그러는 것이 항상 지혜로운 것은 아닙니다. 그러나 우리가 세상을 걸어가면서 자기 자신과 대화를 나누는 것은, 다른 사람과 나누는 대화보다 훨씬 나을 때가 많습니다. 저는 수다를 좋아하는 어떤 분들에게 이렇게 제안하고 싶습니다. 자기 자신과 더 많이 대화하면, 이웃의 나쁜 평판이 그렇게 빨리 퍼지지 않을 것이고, 자신에게도 훨씬 유익할 것입니다. 어떤 사람들은 가십과 험담을 참 좋아하지만, 다윗처럼 자기 영혼과 대화하며 침상에서 마음을 살피는 것이 훨씬 지혜롭고 복된 일입니다.

그 뒤에 번연은 이렇게 씁니다.

"그 후 나는 그들이 모두 계속 나아가, 마침내 '어려움의 언덕' 아래에 이르는 것을 보았다. 언덕 아래에는 샘이 있었으며, 문에서 이제 중요한 순간이 왔습니다. 크리스천은 이미 '절망의 늪'을 지나왔기 때문에, '어려움의 언덕'을 오르는 것을 두려워하지 않습니다. 그는 십자가 아래에 이르러 짐을 벗어버렸기에, 샘물가에서 몸을 굽혀 마시며 이렇게 말합니다. "하나님의 도우심으로, 나는 이 '어려움의 언덕'도 오르리라."

아마도 그것은 약간의 박해였을 수도 있고, 교회 내의 불화였을 수도 있습니다. 어쩌면 사업에서의 손실이었을 수도 있고, 어떤 외적인 시련이었을 수도 있습니다. 그러나 무엇이었든, 그는 그 시련을 맞이할 준비를 단단히 했습니다. 참된 크리스천은 언제나 마음속으로 이렇게 말합니다.

"홍수와 불길이라도, 예수께서 인도하신다면
그분이 가시는 곳을 따라가리라."

하지만 우리의 친구 '형식주의'는 다른 길이 있음을 알아차렸습니다. 그는 종교 때문에 사람들이 불편을 감수해야 한다는 것은 터무니없다고 생각했습니다. 우리는 종종 젊은이들이 '큰 시련'을 겪는다고 말하는 것을 듣지만, 그들이 말하는 시련은 사실 진짜 시련이 아닙니다. 옛날에 시련이란, 달구어진 쟁기를 맨발로 밟고 걷는 것과 같았습니다. 그래서 '형식주의'는 이렇게 말했습니다. 종교가 체면을 지키는 범위 안에 있고, 사교 모임이나 불신자와의 결혼을 포기하지 않아도 된다면 상관없지만, 그것 때문에 아버지의 분노를 사거나 옛 친구들의 반대를 받게 된다면 그는 도저히 감당할 수 없다고요.

그래서 그는 '어려움의 언덕' 아래를 돌아가는 왼쪽 길을 택했습니다. 그 길로 가면 언덕을 돌아 반대편으로 나올 수 있었고, 거기서 크리스천이 언덕을 내려오는 것을 만나 "나는 이런 고생을 전혀 겪지 않고도 당신이 있는 곳에 안전하게 도착했소."라고 말할 수 있을 거라 생각했습니다. 그러나 실제로는 그렇지 않았습니다. 형식주의자가 간 길은 '위험'이라 불렸고, 그 길은 그를 큰 숲으로 인도하여 완전히 길을 잃게 만들었습니다.

'위선'은 '멸망'이라 불리는 길을 택했는데, 그 길은 어두운 산들로 가득한 넓은 들로 인도했습니다. 거기서 그는 걸려 넘어지고 다시는 일어나지 못했습니다. 이는 그가 죄악의 황야로 빠져버린 것을 의미한다고 봅니다. 그는 스스로 말했습니다. "이제 이런 건 충분하다. 종교 때문에 욕을 먹거나, 고객을 잃어야 한다면 다 집어치우겠다. 다른 사람들처럼 살고, 편히 즐기겠다. 왜 스스로를 부인하며 살아야 하는가?" 그래서 그는 세상적인 쾌락 하나로 시작해 또 다른 쾌락으로, 그리고 또 다른 것으로 나아가더니, 마침내 완전히 쓰러져 다시 일어나지 못했습니다.

마귀가 하루아침에 마귀가 된 것은 아니듯, 최악의 죄인도 단번에 그렇게 되지 않습니다. 사람은 오랫동안 그럴듯한 위선자로 보일 수 있습니다. 뿔과 발굽은 당장 드러나지 않고, 서서히 자라나 때가 되면 나타납니다. 하나님께 반역하는 길은 점진적으로 진행되지만, 한 번 그 길을 따라 내려가기 시작하면 속도는 점점 빨라져서, 파멸을 향해 더 빨리 치닫게 됩니다.

여러분, 세상과 타협하는 초기 단계를 경계해야 합니다. 세속성의 성장은 다툼이 물을 터뜨리는 것과 같다고 믿습니다. 한 번 시작하면 어디서 멈출지 알 수 없습니다. 저는 종종 이런 질문을 받습니다. "이런 일을 해도 됩니까?" 누군가 이런 질문을 한다면, 이미 무언가 잘못되었다는 신호입니다. 양심이 "A 정도는 괜찮다"고 허락하면, 곧 B, C, D, E, 알파벳 끝까지 가게 됩니다.

도둑이 집에 침입하려다 현관문이 잠겨 있으면, 뒷문에 있는 작은 창을 찾습니다. 그리고 거기에 작은 아이를 밀어 넣어, 문을 열게 합니다. 그렇게 되면 집은 손쉽게 털립니다. 이처럼 겉보기엔 사소한 죄라도 큰 해악을 끼칩니다. 사탄은 큰 죄로 우리를 잡지 못하면 작은 죄로 시도합니다. 어떤 미끼든 상관없습니다. 중요한 것은 그가 물고기를 잡는 것입니다. 악의 시작을 조심하십시오. 올바르게 가던 이들 중에서도, 결국 그 길을 벗어나 멸망의 넓은 들 어두운 산속에서 사라진 자들이 많습니다.

형식주의자와 위선자에 대해 이렇게 말해야 하는 것은 참 슬픈 일입니다. 그들도 한때는 외모상으로는 우리처럼 괜찮아 보였지만, 이렇게 비참하게 멸망했습니다. 하나님께서 우리로 하여금 형식주의자나 위선자가 아니라, 시온의 성을 향한 참된 순례자가 되게 하시기를 바랍니다. 모든 찬양과 영광은 그분께 돌려야 합니다.

LOUIS RHEAD.

제9장
크리스천, 아름다운 궁전에 이르다

이제 우리는 존 번연이 묘사한 크리스천의 교회 가입 장면을 살펴봅니다. 그는 진정한 순례자 중 한 사람인 '신실'을 묘사했는데, 이 사람은 끝내 교회에 가입하지 않고 혼자 길을 걸어갔습니다. 그러다 크리스천이 그를 따라잡게 되었습니다. 크리스천은 그에게 이렇게 말했습니다. "그 집(아름다운 궁전)에 들렀더라면 평생 잊지 못할 귀한 것들을 많이 보았을 텐데, 당신은 그리하지 않아 참으로 손해를 보았네요."

그럼에도 불구하고, '신실'은 깊은 지식과 풍부한 경험, 확고한 신앙을 가진 뛰어난 성도로서, 교회에 가입하지 않았어도 주인을 잘 섬겼습니다. 번연은 그가 '허영의 시장'에서 화형당한 자리에서 곧바로 하늘 문으로, 나팔 소리와 함께 두 말이 끄는 수레를 타고 구름 위로 올라가는 장면을 그렸습니다.

하지만 '크리스천'과 '크리스티아나', '긍휼'은 물론, 거의 모든 다른 순례자들은 '아름다운 궁전'에 들렀습니다. 번연이 말하는 이 아름다운 궁전은 곧 성도의 교제의 자리, 즉 이 땅 위의 하나님의 교회를 의미합니다. 이 궁전은 '어려움의 언덕' 꼭대기를 조금 지난 곳에 있었습니다.

크리스천은 휴게 정자에서 잠이 들어 두루마리를 잃어버리고, 그것을 찾느라 되돌아가는 바람에 귀한 시간을 허비했습니다. 그러나 마침내 번연은 이렇게 썼습니다.

"그는 자기의 불행한 실수를 한탄하며 눈을 들어보니, 길가에 매우 웅장한 궁전이 있었고, 이름하여 '아름다운 궁전'이라 하였다. 그래서 그는 혹시 그곳에서 하룻밤 묵을 수 있을까 해서 서둘러 앞으로 나아갔다. 그런데 문지기 집에서 약 200미터쯤 떨어진 좁은 길로 들어서자, 앞을 주의 깊게 살펴보는데 두 마리 사자가 길 위에 있는 것이 보였다."

사람이 교회에 들어가려 할 때, 종종 이 두 마리 사자 같은 어려움이 눈앞에 보입니다. "이런 시련은 도저히 못 지나가겠다."라고 느끼게 되는 것입니다. 자신의 신앙 체험을 교인에게 말해야 하는 일, 교회 앞에 서야 하는 일, 그리고 세례를 받는 일은 정말 큰 두려움으로 다가옵니다. 그래서 '소심'은 벌벌 떱니다. 더 심한 경우는, "내가 주님의 제자라고 고백하면 과연 끝까지 믿음을 지킬 수 있을까? 지금뿐 아니라 앞으로도 주님을 잘 증거할 수 있을까? 남편은 뭐라 할까? 아버지는 뭐라 할까? 직장에서 사람들에게 내가 예수 믿는다고 하면 어떻게 될까?"와 같은 염려가 밀려옵니다. 이것이 곧 크리스천이 겪은 '두 마리 사자'의 문제였습니다.

"'이제야 알겠다. '불신'과 '소심'이 왜 되돌아갔는지.' (사자들은 쇠사슬에 묶여 있었지만, 그는 그것을 보지 못했다.)"

믿지 않는 자는 사자를 보는 눈은 밝지만, 그들을 묶고 있는 쇠사슬은 보지 못합니다. 주님의 제자가 되는 길에는 어려움이 있는 것이 사실입니다. 우리는 이 사실을 숨기지 않습니다. 또한 우리는 여러분이 아무 생각 없이 교회에 들어오기를 원하지 않습니다. 그러나 그 어려움에는 한계가 있습니다. 주님께서 완전히 제어하시고, 결코 넘지 못하도록 묶어 두셨습니다.

"그때 그는 두려워하며, 죽음밖에 앞에 없다고 생각했다. 그러나 문지기 경성은 크리스천이 멈칫하며 되돌아갈 듯한 모습을 보고 소리쳤다. '네 힘이 그렇게 작은가? (막 8:34 – 37) 사자를 두려워하지 말라. 그들은 쇠사슬에 묶여 있으며, 믿음이 있는 자를 시험하고, 믿음이 없는 자를 드러내기 위해 거기에 있는 것이다. 길 한가운데로 걸어가라. 그러면 아무 해도 입지 않으리라.'"

경성은 곧 영혼을 위해 항상 깨어 있어야 하는 좋은 목자를 의미합니다. 그는 순례자에게 "길 한가운데로 걸으라"고 조언했습니다. 우리도 똑같이 권합니다. 일관성 있게, 조심스럽게 살아가십시오. 마치 길 가장자리에 서서 언제든 벗어나려는 듯 살지 말고, 왕의 대로 한가운데, 가장 높은 부분을 걸으십시오. 무슨 일이 있어도 정직과 성실로 행하십시오. 잠시 동안 어려움이 당신을 낙담하게 할 수 있지만, 실제로는 해를 끼칠 수 없습니다. 사자는 쇠사슬에 묶여 있습니다.

그리스도 안에서 여러분의 신앙을 고백하려는 마음이 있는데, 그 길에 어떤 어려움이 있습니까? 간절히 부탁하니 그 어려움을 똑바로 바라보십시오. 제가 믿기로, 그렇게 하면 그 어려움은 곧 사라질 것입니다. 그 어려움을 주의 깊게 생각해 보시고, 만일 여러분이 정말 믿고 있다고 하는 그 믿음을 고백하지 않을 경우 여러분 앞에 놓일 훨씬 더 큰 어려움도 함께 생각해 보십시오. 주 예수님의 이 말씀을 기억하십시오. 결코 그 뜻을 돌려 말할 수 없습니다. "누구든지 사람 앞에서 나를 부인하면 나도 하늘에 계신 내 아버지 앞에서 그를 부인하리라."

여러분은 이렇게 말할지 모릅니다. "저는 그리스도를 부인하지 않습니다. 다만 그분을 고백하지 않을 뿐입니다." 그러나 그것이 바로 주님께서 말씀하신 '부인'입니다. 왜냐하면 주님께서는 바로 전에 이렇게 말씀하셨기 때문입니다. "누구든지 사람 앞에서 나를 시인하면, 인자도 하나님의 천사들 앞에서 그를 시인할 것이요." 그러므로 "사람 앞에서 나를 부인한다"는 말씀은, 그리스도를 시인하지 않는 사람을 두고 하신 말씀임이 분명합니다. 그러므로 여러분이 참으로 그분의 것이라면, 앞으로 나와서 자신이 그리스도께 속했다는 사실을 증거해야 합니다.

이스라엘이 금송아지를 숭배하였을 때, "모세가 진문에 서서 이르되 여호와의 편에 있는 자는 내게로 나오라 하매 레위 자손이 다 모여 그에게로 가는지라." 오늘도 주님의 은혜로 주께 부르심을 입은 이들이, 마땅히 앞으로 나와 자신의 믿음을 고백하는 자들이 많기를 바랍니다.

> "그때 나는 그가 사자들을 두려워하여 떨면서도, 문지기의 지시를 잘 따르는 것을 보았다. 그는 사자들의 포효 소리를 들었으나, 아무 해도 입지 않았다. 그러자 그는 손뼉을 치며 앞으로 나아가, 마침내 문지기가 있는 문 앞에 섰다.

크리스천 : 선생님, 이 집은 무엇입니까? 오늘 밤 이곳에 묵을 수 있
겠습니까?

문지기 : 이 집은 산의 주인께서 세우신 것으로, 순례자들을 돕고
안전하게 지켜 주기 위해 지으셨습니다.”

‘아름다운 궁전’―살아계신 하나님의 교회―이 세워진 목적은, ‘시
온 성을 향해 가는 순례자들’이 이곳에서 쉼과 새 힘, 피난처와 보호
를 얻도록 하기 위함입니다. 만일 주일 예배, 설교와 기도, 찬양 등 여
러 형태로 함께 모여 예배하는 모임이 없었다면, 우리 중 몇 사람은
어떻게 되었을까요?

제가 영국을 떠나 대륙 여행을 할 때, 그곳에 예배 모임이 없는 경
우가 있습니다. 그러면 주일이 될 때마다 저는 두세 명의 그리스도인
친구들과 함께 모여, 하나님의 말씀을 읽고, 기도하고, 찬송하며, 가능
하면 떡을 떼며 주를 기억하려 애씁니다. 그런 때에도 우리는 그리스
도를 참으로 귀하게 느꼈습니다. 그러나 그 모든 것에도 불구하고, 저
는 늘 이 ‘예배당’과 거룩한 예배를 그리워합니다. 제 마음속에서 그
것을 대신할 수 있는 것은 없습니다.

저는 예루살렘을 떠난 시편 기자의 심정을 종종 느낍니다. 그는 그
것을 거의 견딜 수 없었고, 여호와의 집 뜰 안의 가장 보잘것없는 자
리라도 누리기를 사모했습니다. 주를 사랑하는 모든 이들도 그렇지
않겠습니까? 만약 여러분이 하나님의 이름이 특별히 기록된 곳, 그리
고 수없이 ‘고운 밀가루’로 배불림을 받은 그 자리에서 멀리 떨어져야
한다면 어떻게 하시겠습니까?

아마도 여러분 중 어떤 이는, 크리스천이 ‘아름다운 궁전’에 도착했

　　　　　　　　　　　　　　　　제9장 크리스천, 아름다운 궁전에 이르다

을 때처럼, 지금이 '밤'일 수 있습니다. 그러므로 여러분은 피난처가 필요하고, 그 외에도 많은 것이 필요합니다. 그렇다면 그리스도의 교회가 바로 이를 위해 세워졌습니다. 은혜의 방편들을 사용하고, 성도 간의 교제를 나눔으로써, 그리스도인들이 위로와 도움을 받을 수 있도록 말입니다.

> "**문지기** : 어디서 왔으며, 어디로 가고 있습니까?
>
> **크리스천** : 저는 멸망의 도시에서 왔고, 시온 산으로 가는 길입니다. 그러나 이제 해가 저물었으니, 가능하다면 오늘 밤 이곳에 묵고 싶습니다.
>
> **문지기** : 당신의 이름이 무엇입니까?
>
> **크리스천** : 제 이름은 이제 크리스천입니다. 그러나 처음 이름은 '은혜없음'이었습니다. 저는 하나님께서 셈의 장막에 거하게 설득하실 야벳의 후손입니다(창 9:27).
>
> **문지기** : 그런데 어쩌다 이렇게 늦게 오게 되었습니까? 해가 이미 졌는데."

아! 저는 순례자들에게 이 질문을 자주 던집니다. "왜 이렇게 늦게 교회에 오셨습니까? 왜 더 일찍 그리스도를 고백하지 않았습니까?" 많은 이들이 이 중요한 일을 오랫동안 미루어 둡니다. 마치 대수롭지 않은 일처럼 말입니다. 제가 보니, 한두 달 미루면 1~2년을 미루기 쉽고, 그렇게 되면 더 오랫동안 미루게 됩니다.

그들은 참으로 회심했고, 주 예수 그리스도를 믿는 자들이지만, 처음에 교회에 들어오지 않음으로써 계속 미루고 미루다가, 결국 교회

회원이 되지 못한 채 생을 마감한 이들도 있습니다. 물론, 이로 인해 구원에서 떨어졌다고는 말하지 않겠습니다. 그러나 분명히 말할 수 있는 것은, 이로 인해 그들이 많은 복과, 길에서 하나님께 영광을 돌릴 많은 기회를 잃었다는 사실입니다. 이는 그들이 하나님의 분명한 명령에 불순종했기 때문입니다.

크리스천은 매우 슬픈 고백을 해야 했습니다.

"나는 더 일찍 여기에 도착할 수 있었으나, '오호라 나는 곤고한 사람이로다!' 그 언덕 비탈에 있는 정자에서 잠들고 말았습니다. 그런데도 더 일찍 도착할 수 있었지만, 잠든 사이에 나의 증거물을 잃어버려서, 그것 없이 언덕 마루에 이르렀습니다. 그제야 그것을 찾으려 했으나 찾을 수 없었고, 결국 마음 아프게도 내가 잠들었던 그곳으로 되돌아가야만 했습니다. 거기서야 그것을 발견했고, 이제야 여기까지 오게 되었습니다."

그는 '아름다운 궁전'에 이렇게 늦게 도착한 진짜 이유를 말했지만, 잠들어 증거물을 잃어버렸고, 그것을 찾기 위해 되돌아가야 했다는 사실을 인정해야 했던 것은 참으로 안타까운 일이었습니다.

우리도 영적으로 졸음에 빠질 때, 자신의 구원에 대한 증거를 잃어버리기 쉽고, 심지어 자신이 하나님의 자녀가 아니라고 생각하게 되기까지 합니다. 그렇게 되면 우리는 처음 사랑과 가장 큰 기쁨, 그리고 한때 가졌던 하나님에 대한 흔들림 없는 확신을 잃게 됩니다. 그러면 우리는 이러한 복들을 되찾기 전에는 교회에 들어갈 수 없다고 여기는 것이 마땅합니다.

     제9장 크리스천, 아름다운 궁전에 이르다

그래서 가엾은 크리스천처럼 '어려움의 언덕'을 내려갔다가, 가파른 언덕을 다시 오르는 수고를 해야 합니다. 마땅히 '아름다운 궁전'을 향해 계속 나아가야 했는데, 정자에서 잠들어 버린 탓에, 원래는 한 번만 걸으면 될 길을 세 번이나 걸어야 하는 것입니다.

그럼에도 불구하고, 순례자처럼 비록 늦게라도 무사히 그 거룩한 집의 문에 이른다면, 그것은 참으로 세 번 행복한 일입니다. 그 집은 "산의 주인께서 순례자들을 돕고 안전하게 지켜 주시기 위해 지으신 것"이기 때문입니다.

제10장
주께 복 받은 자여, 들어오라

"문지기가 크리스천에게 말했다. '좋습니다. 이곳의 처녀들 가운데 한 사람을 불러서, 그대의 말이 마음에 들면 이 집의 규칙에 따라 가족들에게로 인도하게 하겠습니다.'"

존 번연은 침례교회에 속한 교인이었고, 질서 있는 절차를 잘 알고 있었습니다. 어떤 사람들은 "천로역정"을 읽으면 저자가 어느 교단에 속했는지 알 수 없다고 말하기도 합니다. 그러나 그의 책을 세심하게 읽어 보면, 그가 생략한 것과 포함한 것을 통해 그의 입장이 무엇인지 곧 알 수 있습니다. 존 번연이 기포드 목사의 교회에 가입했을 때, 목사는 이렇게 말했습니다.

"존, 자네가 회심했다니 기쁘네. 그러나 내가 자네를 교제에 받아들이는 책임을 홀로 질 수는 없네. 우리 장로나 집사 중 한 사람에게 자네를 만나보게 하겠네. 교회가 임명한 누군가가 자네와 대화를 나눈 뒤, 자네를 받아들일지 여부를 교인들에게 보고해야 하네."

"그래서 문지기 경성은 종을 울렸고, 그 소리를 듣고 집 문에서

'분별'이라는 이름의 근엄하고 아름다운 아가씨가 나와 왜 자신을 불렀는지를 물었다."

교회에서 새 신자 후보자를 만나도록 임명된 일꾼은 태도에서 '근엄'하고 성품에서 '아름다워야' 합니다. 그는 신중하면서도 다정해야 하며, 자신이 속임당하거나 다른 교인들이 속임을 당하지 않도록 해야 합니다. 또한 너무 엄격하여 참된 주님의 백성을 교회 밖에 머물게 해서도 안 되지만, 반대로 너무 느슨하여 주님의 백성이 아닌 자를 받아들여서도 안 됩니다.

"문지기 경성은 이렇게 대답했다. '이 사람은 멸망의 도시에서 시온 산으로 가는 순례길에 있습니다. 그러나 지치고 어둠이 내려, 오늘 밤 이곳에 머물 수 있는지 나에게 물었습니다. 그래서 내가 그대(분별)를 부를 테니 당신이 그와 대화를 나눈 후 이 집의 법도에 따라 좋다고 생각하는 대로 결정할 것이라고 했습니다.' 그러자 '분별'은 그가 어디서 왔으며 어디로 가는지를 물었고, 크리스천은 그대로 대답했다."

이 장면은 우리가 흔히 '장로 면담'이라고 부르는 회심자 심사와 같습니다. 분별의 질문에 크리스천은 빙빙 돌려 말하거나 다른 이야기를 하지 않고, 그녀가 알고 싶어 하는 것을 곧바로 말했습니다.
"분별은 먼저 '그가 어디서 왔는지'를 물었다."
이 질문은 그가 자신이 본래 어떤 존재인지를 알고 있는지를 확인하기 위한 것입니다. 만약 자신이 본래 어떤 존재인지 모른다면, 참된 지식의 시작조차 하지 못한 것입니다. 자신이 죄 가운데 태어나 불법 가운데 잉태되었다는 사실을 한 번도 깨달아 본 적이 없다면, 자신이 잃어버린 자요 망한 자임을 결코 인식해 본 적이 없다면, 그리고 더 나아가 십자가에서 자신의 짐을 내려놓은 적이 없다면, 그는 '아름다운 궁전'에서 대접받을 자격이 없습니다. 왜냐하면 그는 분명 참된 크리스천이 아니기 때문입니다.

"다음으로, 분별은 크리스천에게 '어디로 가는지'를 물었다."

이것은 매우 중요한 질문입니다. 자신이 하늘에 갈지 지옥에 갈지도 모르면서, 그저 마지막에 잘될지도 모른다고 희미하게만 기대하는 사람들이 많습니다. 심지어 어떤 사람들은 사람이 구원받았는지를 이 세상에서는 결코 알 수 없고, 저 세상에 가서야 알 수 있다고 주장하기도 합니다.

그러나 그것은 제가 매일 읽는 성경과는 다른 책을 읽은 것일 것입니다. 제가 읽는 성경은 이 문제에 대해 매우 분명하게 말합니다. "믿고 세례를 받는 사람은 구원을 얻을 것이다." 또 "그러므로 우리가 믿음으로 의롭다 하심을 받았으니, 우리 주 예수 그리스도로 말미암아 하나님과 화평을 누리자."

분명히 사람은 구원을 얻으면 그 사실을 알게 됩니다. 또한 하나님과 화평을 누리면 그 사실을 인식하게 됩니다.

"그녀는 또한 그에게 어떻게 이 길에 들어서게 되었는지 물었고, 그는 그녀에게 이야기해 주었다."

이것은 여러분이 우리와 교회 교제에 참여하고자 할 때 우리가 여러분에게 던질 또 하나의 질문입니다. 우리는 이렇게 말할 것입니다. "여러분은 하늘로 가는 길 위에 있다고 고백합니다. 그런데 어떻게 그

  제10장 주께 복 받은 자여, 들어오라

길을 걷기 시작하게 되었습니까? 무엇이 여러분을 순례의 길로 이끌었습니까? 어떻게 구주가 필요하다는 것을 깨닫게 되었습니까? 은혜의 역사가 여러분 마음에서 어떻게 시작되었습니까?”

우리는 여러분이 회심한 날짜와 시각을 꼭 말해 주기를 원하지는 않습니다. 우리 중 어떤 사람들은 그것을 말할 수 있지만, 그렇지 못한 사람들도 있습니다. 그리고 여러분이 그것을 말하지 못한다고 해서 지혜로운 처녀가 화를 내지는 않을 것입니다.

비가 올 때, 정확히 언제부터 내리기 시작했는지 말하는 것은 솔로몬일지라도 어려울 것입니다. 처음에는 안개 같은 것이었고, 이어 가랑비로 바뀌었으며, 그 후에야 본격적으로 비가 내렸기 때문입니다. 해가 비칠 때도 마찬가지로, 정확히 언제 떠올랐는지를 아무도 말하지 못할 수 있지만 떠올랐다는 사실은 분명히 압니다. 눈으로 보고 피부로 느낄 수 있기 때문입니다.

제가 스위스에 있었을 때, 어느 날 오후 약 5천 피트를 올라가 여관에서 잠을 자고, 다음 날 해돋이를 보기로 했습니다. 이른 아침, 큰 뿔피리 소리가 울려 퍼지자 모두가 잠에서 벌떡 일어났습니다. 그것은 해가 뜨고 있다는 신호였습니다. 우리는 모두 담요를 두르고 밖으로 달려나갔습니다. 어쩌면 200명 정도였을 것입니다. 그러나 우리가 동쪽을 향해 해돋이를 보려고 서 있었을 때는 이미 늦었습니다. 해는 우리가 도착하기 전에 떠올라 있었습니다.

하나님의 은혜의 역사도 종종 이와 같습니다. 그것은 이미 존재하지만, 언제 시작되었는지는 모릅니다. 이것이 지혜로운 처녀가 반드시 여러분에게 물을 한 가지입니다. 그리고 우리는 여러분에 대해 번연이 크리스천에 관해 말한 것처럼 “그는 그녀에게 이야기했다”라고 말할 수 있기를 바랍니다.

"그러자 그녀는 그가 길에서 무엇을 보았고 어떤 일을 겪었는지를 물었고, 그는 그녀에게 이야기해 주었다."

우리는 여러분이 그리스도인이 된 이후의 경험이 어떠했는지를 알고자 합니다. 기도가 응답된 것을 통해 기도의 능력을 입증했는지, 시험을 받을 때 시험하는 자를 물리치고 이길 수 있었는지 말입니다. 또 여러분이 그리스도를 위해 무엇을 하고 있는지, 그리스도를 어떻게 생각하는지, 성경 읽기와 개인 기도 같은 습관은 어떠한지도 물을 것입니다.

"마지막으로 그녀가 그의 이름을 물었고, 그는 '내 이름은 크리스천입니다. 나는 오늘 밤 이곳에 묵고 싶은 마음이 간절합니다. 내 보기에는 이곳은 언덕의 주님께서 순례자들의 위로와 안전을 위해 지으신 곳이군요'라고 말하였다. 그러자 그녀는 미소를 지었지만 눈에는 눈물이 고였고, 잠시 멈춘 후 '가족 중 두세 사람을 더 불러오겠습니다'라고 말하였다."

여러분이 보듯, 그녀는 온유하고 다정하며 부드러운 사람이었습니다. 순례자의 말을 듣고 미소 지었고, 그의 간증에 기뻐했으며, "그녀의 눈에는 눈물이 고였다"고 기록된 대로 주님을 찬양했습니다. 또한 영혼이 어둠에서 그분의 놀라운 빛으로 인도되었음을 기뻐한 것입니다.

이 구절에는 여러 교회 직분자들에 대한 언급이 있습니다. '경성씨'는 목사였고, '분별'은 집사나 장로였으며, 그다음에 '가족 중 두세 사람'이 나옵니다.

"그래서 그녀는 문으로 달려가 '신중', '경건', '친절'을 불렀다."

이들은 교회의 사자들입니다. '신중'은 위선자를 들이지 않으려 하고, '경건'은 영적인 일을 잘 이해하며 마음을 살필 줄 압니다. '친절'은 그리스도의 사랑이 마음에 부어져 있어서 친절하지만 공의롭게 판단합니다.

> "신중, 경건, 친절은 그와 조금 더 이야기를 나눈 후 그를 가족 안으로 들였다. 그리고 많은 이들이 집 문간에서 그를 맞으며 '주께 복 받은 이여, 들어오십시오'라고 말하였다. 이 집은 언덕의 주님께서 이런 순례자들을 접대하기 위해 지으신 곳이다. 그러자 그는 머리를 숙이고 그들을 따라 집 안으로 들어갔다. 들어가 자리에 앉자, 그들은 그에게 마실 것을 주었고, 함께 의논하여 저녁이 준비될 때까지 몇 사람이 크리스천과 특별한 대화를 나누어 시간을 잘 사용하기로 하였다. 그래서 경건, 신중, 친절이 그와 담화를 나누기로 정하였다."

여기까지 저는 그를 좋은 안락한 숙소에 두겠습니다. 그리고 여러분 중 많은 분이 같은 문으로, 같은 방법으로 들어와 '아름다운 궁전', 즉 이 땅 위의 그리스도의 교회가 주는 평온과 안전 속에 들어오기를 바랍니다.

제11장
크리스천과 아볼루온

"이제 크리스천은 길을 떠날 생각을 하였고 그들은 그가 떠나기를 원했다. '하지만 먼저,' 그들이 말하였다, '다시 무기고로 가자.' 그들은 무기고로 가서, 크리스천을 머리부터 발끝까지 시험된(믿음직한) 갑옷으로 무장시켰다."

존 번연은 큰 지혜로 '아름다운 궁전'을 먼저 두었습니다. 그리고 크리스천은 궁전의 문을 나서자마자 '겸손의 골짜기'로 내려가기 시작하였습니다. 그들은 그에게 칼과 방패와 투구를 주었는데, 그가 전에 가져본 적이 없는 것들이었습니다. 이제 칼을 가지자 그는 아볼루온과 맞서 싸워야 했고, 방패를 가지자 불화살을 막기 위해 들어야 했으며, "모든 기도의" 무기를 받자마자 죽음의 음침한 골짜기를 지나면서 그것이 꼭 필요함을 알게 되었습니다. 하나님은 그분의 백성에게 장난삼아 무기를 주시지 않습니다. 그분은 그들에게 정욕을 채우라고 힘을 주시지 않습니다. 주여, 주께서 내게 이 좋은 무기를 주셨다면, 분명 저는 치열한 전투에서 그것이 필요할 것입니다. 제가 주님의 상에서 잔치를 누렸다면, 그것은 다락방에서 겟세마네 동산까지가 그리 멀지 않은 길임을 기억할 것입니다. 하나님께 크게 사랑받은 다니엘도 크게 낮아졌습니다. "그의 아름다움이 썩은 것으로 변하고 아무 힘이 없게" 되었을 때, 하나님은 그에게 "큰 환상"을 보여주셨습니다. 사랑받은 요한도 마찬가지였습니다. 그는 밧모로 유배되어야 했고, 그 에게 해에 둘러싸인 고독한 섬에서 "하나님이 그에게 주신 예수 그리스도의 계시"를 받아야 했습니다. 저는 그리스도인의 일상 경험 속에서, 가장 큰 기쁨이 가장 혹독한 시련 직후에 오는 것을 종종 봅니다. 울부짖는 폭풍이 그 힘을 다 쓰고 나면 스스로 잠잠해지고, 그 뒤에 오는 고요함은 너무도 깊어서 오직 거대한 폭풍만이 그토록 큰 평온의 어머니일 수 있습니다. 우리도 그러한 것 같습니다. 깊은 시련의 파도, 높은 기쁨의 산입니다. 그러나 그 반대도 자주 그렇습니다. 비스가 산꼭대기에서 무덤으로, 갈멜 산꼭대기에서 사자 굴로, 그리고 표범과 싸우러 내려가야 합니다. 그러니 우리를 지키시는 망대 위에 서야 합니다. 혹시나 마노아처럼 하나님의 사자를 본 후 곧이어 "우리가 주를 보았으니 반드시 죽으리라" 말하는 일이 없도록 해야 합니다.

"그 후 그가 길을 떠나려 하자, 분별, 경건, 친절, 신중이 그를 언덕 아래까지 동행하기로 하였다. 그들은 함께 길을 걸으며 전에 나누었던 대화를 되풀이하였다. 그러다 내려가는 길에 이르렀을 때, 크리스천이 말했다. '올라올 때도 힘들었지만, 지금 보니 내려가는 것도 위험하군요.' '그렇습니다,' 신중이 말했다. '당신처럼 이제 겸손의 골짜기로 내려가는 사람이 길에서 실수 하나 없이 내려간다는 것은 어려운 일입니다.' '그래서 우리가 당신을 동행하려 나온 것입니다.' 그리하여 그는 매우 조심스럽게 내려가기 시작했지만, 그래도 한두 번 미끄러졌다."

사탄은 하나님과 가까이 사는 그리스도인을 자주 공격하지 않습니다. 그리스도인이 하나님을 떠나고, 영적으로 굶주리며, 헛된 것들로 자신을 채우려 할 때, 마귀는 자신의 유리한 때를 알아챕니다. 물론 때로는 주인의 일에 충실한 하나님의 자녀와 발을 맞대고 맞서 싸우기도 하지만, 그 싸움은 대개 오래 가지 않습니다. 겸손의 골짜기를 내려가며 발을 헛디디는 자는 발걸음을 잘못 디딜 때마다 아볼루온을 초대하는 것입니다. 오, 우리 하나님과 겸손히 동행할 은혜를 주소서!

"그러고 나서 나는 꿈에서 보았는데, 이 착한 동행자들은 크리스천이 언덕 아래로 내려가자, 그에게 빵 한 덩이와 포도주 한 병, 건포도 한 송이를 주고 그를 떠나보냈다."

"그런데 이제 이 '겸손의 골짜기'에서 불쌍한 크리스천은 큰 곤경에 처했다. 조금 가다 보니 들판 건너편에서 그를 향해 오는 흉측한 악귀를 발견했는데, 그의 이름은 아볼루온이었다. 그러자 크리스천은 두려워하며, 돌아설지 그대로 설지를 마음속에 저울질했다. 그러나 곧 다시 생각하기를, 자기 등 부위에는 덮고 있는 갑옷이 없으니, 등을 보이면 그가 더 쉽게 화살을 꽂을 수 있다고 판단했다. 그래서 목숨만 살리려 해도 그대로 서 있는 것이 최선이라고 생각하며, 맞서기로 결심했다."

제11장 크리스천과 아볼리온

존 번연은 크리스천이 안락의자에 앉아 졸다 천국으로 가는 모습으로 그리지 않았습니다. 그는 짐을 십자가 아래에서 벗지만, '어려움의 언덕'을 손과 무릎으로 기어오르는 것으로 묘사합니다. 크리스천은 '겸손의 골짜기'로 내려가야 하고, '사망의 음침한 골짜기'의 음산한 공포 속 위험한 길을 걸어야 합니다. '마법의 땅'에서는 졸지 않기 위해 긴급히 깨어 있어야 합니다. 길 위의 여러 필연적인 어려움에서 그가 완전히 면제되는 일은 없습니다. 마지막 순간에도 그는 '검은 강'을 건너야 하고, 그 무서운 물결과 싸워야 합니다. 여정 내내 수고가 필요하며, 하늘을 향한 순례자인 그대도 이것이 단순한 우화가 아니라 사실임을 알게 될 것입니다. 영혼은 허리를 동이고, 순례자의 지팡이와 갑옷을 준비해야 합니다. 거인들과 싸우고, 사자와 맞서고, 아볼루온과 직접 겨뤄야 합니다.

"그리하여 그는 계속 나아갔고, 아볼루온이 그를 맞이했다. 그 괴물은 보기에도 흉측했다. 그는 물고기처럼 비늘로 덮여 있었고, 그것이 그의 자랑이었다. 그는 용과 같은 날개, 곰과 같은 발을 가지고 있었으며, 배에서는 불과 연기가 나오고, 입은 사자의 입 같았다. 그가 크리스천에게 다가와 경멸스러운 표정으로 그를 바라보며 이렇게 물었다.

아볼루온 : 너는 어디서 왔으며, 어디로 가는 중이냐?

크리스천 : 나는 모든 악의 근원인 '멸망의 도시'에서 왔고, '시온성'으로 가는 길이다.

아볼루온 : 그렇다면 너는 내 백성 중 하나라는 것을 알겠다. 네가 나온 땅은 모두 내 것이고, 나는 그 왕이며 신이다. 그런데 어찌하

여 네 왕을 버리고 달아났느냐? 네가 나를 위해 더 많은 일을 할 가망이 없다면, 지금 당장 너를 한 방에 쓰러뜨릴 것이니라.

크리스천 : 나는 분명 당신의 영토에서 태어났으나, 당신의 부역은 고되었고 그 삯은 사람이 살 수 없는 것이었으니, 곧 죄의 삯은 사망이었다(롬 6:23). 그러므로 내가 장성하였을 때, 다른 사려 깊은 사람들처럼 형편을 나아지게 할 길을 찾았던 것이다.

아볼루온 : 어떤 왕도 이렇게 쉽게 신민을 잃으려 하지 않으며, 나 역시 지금 너를 잃지 않겠다. 네가 부역과 삯이 불만이라면, 돌아오기만 하라. 우리 땅에서 줄 수 있는 것은 무엇이든 주겠노라.

크리스천 : 그러나 나는 이미 '왕 중의 왕'께 나를 드렸으니, 어떻게 네게 돌아갈 수 있겠느냐?

아볼루온 : 네가 나쁜 것을 버리고 더 나쁜 것을 택했구나. 그러나 그분의 종이 되었다가 얼마 안 되어 나를 다시 찾는 자들이 흔하니, 너도 그러면 모든 것이 잘 될 것이니라.

크리스천 : 나는 그분께 믿음을 드렸고, 충성을 맹세하였다. 그런데 어떻게 이것을 저버리고 돌아가서 반역자로서 목숨을 부지할 수 있겠느냐?

아볼루온 : 너는 나에게도 그렇게 맹세했었으나, 내가 너의 반역을 모두 눈감아 주겠다. 지금이라도 돌아온다면 말이다.

크리스천 : 내가 네게 약속했던 것은 미성숙했을 때였다. 게다가 내가 지금 서 있는 깃발 아래 계신 '그 왕'께서는 나를 용서할 권세가 있으며, 내가 당신과 타협했던 일도 사면하실 수 있다. 그리고 무엇보다, 오 파멸케 하는 아볼루온이여, 솔직히 말해 나는 그분의 부역, 그분의 삯, 그분의 종들, 그분의 다스림, 그분의 동행, 그

　　　　　　　　　　　　　제11장 크리스천과 아볼리온

분의 나라를 너의 것보다 훨씬 좋아한다. 그러니 더는 나를 설득하지 말라. 나는 그분의 종이며, 그분을 따를 것이다.

저는 그동안 마음이 두려워 '내가 과거에 어느 시점에서든 그리스도인의 의무를 소홀히 했으니, 결국 나는 버림받을지도 모른다'는 생각에 사로잡힌 사람들을 만난 적이 있습니다. 이것은 사탄이 경건한 사람들에게 자주 던지는 오래된 시험입니다. 여러분도 기억하시겠지만, 앞서 인용한 비열한 비난에 더해 아볼루온은 불쌍한 크리스천을 이렇게 불성실하다고 몰아세웠습니다.

"너는 처음 출발할 때 '절망의 늪'에서 거의 질식할 뻔했을 때 기운을 잃었고, 짐을 벗으려고 그릇된 길을 시도했다. 너는 네 왕이 그것을 벗겨주실 때까지 기다렸어야 했다. 너는 죄스럽게도 잠들어 네가 가진 귀한 것을 잃었고, 사자들을 보았을 때는 거의 돌아서려 하였다. 그리고 네가 네 여행과 네가 들은 것과 본 것에 대해 말할 때마다, 네 말과 행위 속에는 은근히 헛된 영광을 바라는 마음이 있다."

혹시 여러분 가운데도 이런 원수의 고발 때문에 괴로워하는 분이 있다면, 기억하시기 바랍니다. 그리스도께서 여러분을 사랑하신 이유는 여러분의 선한 행위 때문이 아니었으니, 그것이 그분께서 사랑을 시작하신 원인이 아니었습니다. 마찬가지로 지금도 그분께서 여러분을 사랑하시는 이유는 선한 행위가 아니며, 그것이 사랑을 지속하게 하는 원인도 아닙니다. 그분은 그분이 원하시기에 여러분을 사랑하십니다. 지금 그분께서 여러분 안에서 기뻐하시는 것은, 그분이 친히 주신 것이며, 그것은 변함없이 항상 그대로입니다. 하나님의 생명이 여러분 안에 항상 있고, 예수님은 결코 여러분에게서 마음을 돌리지 않으셨으며, 그분의 사랑의 불꽃은 아주 조금도 줄어들지 않았습니다. 그러므로 마음이 약한 자여, "두려워하지 말고, 강하라"는 말씀을 붙드십시오.

"그러자 아볼루온이 크게 분노하며 말했다.

아볼루온 : 나는 그 왕의 원수다. 나는 그의 인격과 법과 백성을 미워한다. 나는 너를 대적하러 일부러 나왔다.

크리스천 : 아볼루온, 네가 무엇을 하는지 조심하라. 나는 왕의 대로, 곧 거룩함의 길에 있다. 그러므로 스스로 삼가라.

아볼루온은 길 전체를 가로질러 서서 말했다.

아볼루온 : 나는 이 일에 두려움이 없다. 죽을 준비를 하라. 내가 내 지하 굴을 두고 맹세하노니, 너는 더 이상 나아가지 못할 것이다. 여기서 내가 네 영혼을 쏟아버리리라.

그러면서 그는 불타는 화살을 그의 가슴을 향해 발사했다. 그러나 크리스천은 손에 방패가 있어 그것으로 받아내어 그 위험을 막았다.

크리스천은 때가 되었음을 알고 칼을 빼들었다. 아볼루온은 곧장 달려들며 우박처럼 화살을 퍼부었다. 그 때문에 크리스천이 아무리 피하려 해도, 아볼루온은 그의 머리와 손과 발을 상하게 했다. 이로 인해 크리스천은 잠시 뒤로 물러났고, 아볼루온은 더욱 맹렬히 공격했다. 그러나 크리스천은 다시 용기를 내어 최선을 다해

                                제11장 크리스천과 아볼리온

맞섰다. 이 혹독한 싸움은 반나절이 넘게 계속되었고, 마침내 크리스천은 거의 기진맥진했다. 그의 상처로 인해 그는 점점 더 약해질 수밖에 없었다."

이것은 단순한 비유가 아닙니다. 아볼루온을 실제로 맞서본 사람은 이것이 결코 착각이 아니라 두려운 현실임을 압니다. 크리스천은 '겸손의 골짜기'에서 아볼루온을 만났고, 그 용은 가장 사납게 그를 에워쌌습니다. 그는 불화살로 그를 죽이고 생명을 빼앗으려 했습니다. 용감한 크리스천은 전력을 다해 그와 맞섰고, 칼과 방패를 힘껏 사용하였습니다. 그의 방패에는 빽빽하게 화살이 박혔고, 그의 손은 칼에 달라붙었습니다. 사람과 용은 여러 시간 동안 싸웠습니다. 저는 지금도 그 광경이 눈앞에 그려지는 듯합니다. 우리 영혼의 대적, 그 두려운 타락한 영입니다. "오 사탄아, 네가 나를 심하게 찔렀구나!" 하나님의 많은 자녀가 이 탄식을 하지 않을 수 없을 것입니다. 우리가 완전히 멸망하지 않은 것은 사탄의 악의, 교활함, 분노, 집요함이 부족해서가 아닙니다. 우리는 수없이 그를 만났고, 그의 온갖 무기를 보았으며, 오른쪽과 왼쪽에서 날아오는 화살 세례를 받았습니다. 그는 우리를 교만으로도, 절망으로도, 근심으로도, 태만으로도, 무모함으로도, 나태함으로도, 자기 신뢰로도, 하나님에 대한 불신으로도 유혹하였습니다. 우리는 그의 계략을 모르지 않으며, 그의 잔혹함을 경험하지 않은 적이 없습니다.

저는 지금 하나님의 성도들 가운데 다윗의 고백, "주께서 나를 넘어뜨리려고 심하게 나를 치셨으나"(시 118:13)를 힘 있게 말할 수 있는 분들이 많으리라 생각합니다. 저는 많은 시험과 유혹을 받은 사람들

가운데 살고 있기 때문입니다. 믿는 자의 영혼과 마귀 사이의 싸움은 매우 엄격한 전투입니다. 물론 사람을 시험하는 수많은 하급 악령들이 있고, 실제로 그 시험에 성공하기도 합니다. 그러나 경건한 사람에게는 그들의 큰 두목인 사탄보다 훨씬 쉽게 물리칠 수 있는 상대들입니다.

> "그때 아볼루온은 틈을 엿보고 크리스천에게 바짝 다가와 씨름을 걸어 그를 심하게 넘어뜨렸다. 그 순간 크리스천의 손에서 칼이 날아가 버렸다. 그러자 아볼루온이 말하였다. '이제 너는 내 손안에 있구나.' 그러면서 그를 눌러 죽이려 하였다. 크리스천은 생명을 잃을 것이라 거의 절망하였다. 그러나 하나님의 섭리로, 아볼루온이 마지막 일격을 가해 이 착한 사람을 완전히 끝장내려 할 때, 크리스천은 재빠르게 손을 뻗어 칼을 붙잡고 외쳤다. '나의 원수여, 나를 이기고 기뻐하지 말라. 내가 넘어질지라도 다시 일어날 것이니라.' 그러고는 그에게 치명적인 일격을 가하였는데, 그로 인해 아폴리온은 마치 치명상을 입은 자처럼 물러났다. 이를 본 크리스천은 다시 그에게 달려들어 말하였다. '그러나 이 모든 일에 우리를 사랑하시는 이로 말미암아 우리가 넉넉히 이기느니라'(롬 8:37). 그러자 아볼루온은 용의 날개를 펴고 달아나버렸고, 크리스천은 다시는 그를 보지 못하였다(약 4:7)."

마침내 그 악한 영은 크리스천을 끔찍하게 넘어뜨렸고, 그는 땅바닥에 쓰러졌습니다. 아, 그 넘어지는 순간 그의 손에서 칼이 떨어지고 말았습니다. 그때 용은 모든 힘을 모아 크리스천의 목 위에 발을 딛고, 그의 심장에 불타는 화살을 꽂으려 했습니다. "아하, 이제 너는 내 것이다. 너는 내 권세 아래 있다." 그러나 용의 발이 불쌍한 크리스천의 생명을 완전히 짓누르려는 바로 그 순간, 그는 손을 뻗어 칼을 움켜쥐고 원수에게 필사적인 찌르기를 가하며 외쳤습니다. "나의 원수여, 나를 이기고 기뻐하지 말라. 내가 넘어질지라도 다시 일어날 것이니라." 그는 용을 그토록 심하게 찔렀기에 용은 날개를 펴고 날아가 버렸습니다. 크리스천은 승리를 기뻐하며 다시 길을 걸어갔습니다.

참된 신자는 이 모든 일을 잘 이해합니다. 이것은 그에게 꿈이 아니라 실제입니다. 그는 여러 번 용의 발 아래 있었던 경험이 있습니다. 아, 온 세상이 한 사람의 마음 위에 얹히는 무게도 마귀의 한 발 무게에는 미치지 못합니다. 사탄이 영혼을 제압하게 되면, 그것을 괴롭히기 위해 힘과 의지와 악의가 부족한 법이 없습니다. 악한 자의 발굽 아래에 놓인 사람의 처지는 실로 혹독합니다. 그러나 하나님을 찬송합니다. 하나님의 자녀는 언제나 안전합니다. 용의 발 아래 있을 때나, 하늘의 하나님의 보좌 앞에 있을 때나 똑같이 안전합니다. 땅과 지옥의 모든 세력, 그리고 그리스도인이 경험하는 모든 의심과 두려움이 함께 성도를 괴롭히려 한다 해도, 가장 어두운 순간에 하나님께서 일어나시고, 그분의 원수들은 흩어질 것이며, 하나님께서 친히 승리를 얻으실 것입니다. 아, 이것을 믿는 믿음을 주소서!

"이 싸움이 얼마나 치열했는지는, 나처럼 직접 보고 들은 자가 아니면 상상할 수도 없었다. 전투 내내 아볼루온은 용처럼 말하며 끔찍한 고함과 괴성을 질렀고, 반대편에서는 크리스천의 가슴 속에서 한숨과 신음이 터져 나왔다. 그가 두 날 가진 칼로 아볼루온

아볼루온은 군단을 거느린 지휘자이며, 최고의 권능과 교활함을 지
닌 존재입니다. 그와 발을 맞대고 싸운 사람은, 크리스천이 '겸손의
골짜기'에서 얼마나 심한 위기에 처했는지를 잘 압니다. 용이 순례자
의 길을 가로막고 그의 생명을 건 싸움을 강요했기 때문입니다. 어떤
그리스도인도 이처럼 잔혹한 원수와 믿음과 소망과 생명을 위해 싸우
는 동안에는 크게 웃을 수 없습니다. 사탄의 사자들이 우리를 괴롭히
기도 하지만, 사탄은 우리에게 더욱 깊이 상처를 입힙니다. 그러므로
우리는 "우리를 악한 자에게서 구하옵소서"라고 지혜롭게 기도해야
합니다. 이 대적과의 일대일 전투는 영혼의 모든 근육을 긴장시키고,
모든 영적 신경을 아프게 하며, 이마에서 식은땀을 흘리게 하고, 두려
움으로 가슴이 뛰게 하여 어느 정도 우리를 겟세마네로 이끌고, 지옥
의 고통이 우리를 붙잡은 듯 느끼게 합니다. 어둠의 왕자는 날카로운
칼과 대단한 방어 기술, 정확한 공격력, 끝없는 악의를 지니고 있으므
로 결코 만만한 적이 아니며, 마주하는 것은 끔찍한 시련입니다. 그
의 존재 자체가 우리 같은 연약한 인간에게는 커다란 위협입니다. 불
쌍한 크리스천이 아볼루온의 발 아래 눌렸을 때, 그의 생명은 거의 다
빠져나가고 있었습니다. 그러나 하나님의 섭리로 그의 손에 닿을 거
리에, 떨어뜨린 칼이 있었습니다. 그는 손을 뻗어 그것을 움켜쥐었고,
그 "성령의 검 곧 하나님의 말씀"으로 원수를 깊이 찔렀습니다. 그러
자 용은 날개를 펴고 달아나 버렸습니다. 아, 우리도 그와 같은 일격

　　　　　　　　　　　　　　　제11장 크리스천과 아볼리온

을 마귀에게 가하게 되기를 원합니다! 우리는 약속을 선포하며, 복음을 전하며, 하나님의 은혜를 널리 알림으로써 전세를 뒤집고, 우리를 쫓던 자들을 도리어 쫓기게 만들 수 있습니다. 그리스도의 십자가에 할렐루야! 우리는 그 십자가를 들고 적진으로 나아가 승리를 확신합니다. 우리의 용기는 꺾이지 않으며, 소망은 시들지 않습니다. 우리를 도우신 주님은 승리의 하나님이시며, "만군의 여호와께서 우리와 함께하시고, 야곱의 하나님은 우리의 피난처"이십니다.

제12장
길에서 '신실'이 겪은 일들

"**크리스천** : 자, 이웃 신실이여, 이제 말씀해 주십시오. 오면서 무슨 일을 겪으셨는지 말씀해 주시기 바랍니다. 저는 그대가 분명 무언가를 겪으셨으리라 생각합니다. 그렇지 않다면 참으로 놀라운 일일 것입니다.

신실 : 저는 그대가 빠진 '절망의 늪'을 피해서 그 위험 없이 문까지 올라갔습니다. 다만 '요염'이라는 이름의 여자를 만나서, 그녀에게 거의 해를 입을 뻔했습니다.

크리스천 : 그녀의 올무를 피한 것은 잘하신 일입니다. 요셉도 그녀 때문에 큰 곤경에 처했으나, 그대처럼 피했습니다. 그러나 그의 경우에는 목숨을 잃을 뻔했습니다. 그런데 그녀가 그대에게 무슨 짓을 했습니까?

신실 : 그대도 짐작할 수 있듯이, 그녀는 참으로 아첨하는 혀를 가졌습니다. 그녀는 저를 유혹하여 함께 옆길로 가자고 집요하게 달려들었고, 모든 종류의 만족을 주겠다고 약속했습니다.

크리스천 : 아니, 양심의 만족은 약속하지 않았을 것입니다.

신실 : 그대가 아시다시피, 제가 말하는 것은 모두 육체적·세속적

만족이었습니다.

크리스천 : 하나님께 감사드립니다. 그대가 그녀를 피했으니, '여호와께서 미워하시는 자는 그 여인의 구덩이에 빠지리라'(잠 22:14) 하였습니다.

신실 : 아니, 제가 과연 온전히 피했는지는 모르겠습니다.

크리스천 : 왜 그렇습니까? 그대가 그녀의 요구에 동의하지는 않았을 것입니다.

신실 : 그렇습니다. 저는 제 자신을 더럽히지 않았습니다. 전에 읽은 글귀가 생각났기 때문입니다. '그 여인의 발은 스올로 내려간다'(잠 5:5). 그래서 저는 그녀의 눈길에 홀리지 않으려고 눈을 감았습니다(욥 31:1). 그러자 그녀는 저를 욕하였고, 저는 제 길을 갔습니다."

신실의 첫 번째 시험은 매우 노골적인 것이었습니다. 사실 입에 담기조차 부끄러운 종류입니다. 그러나 가장 순결하고 하늘의 뜻을 사모하는 사람이라도, 육신을 입고 있는 한 이런 시험이 길을 가로막았다고 고백하지 않을 수 없습니다. 우리가 하나님과 얼마나 가깝게 살든, 또 하나님의 말씀에 따라 우리 길을 깨끗하게 하였든, 모든 사람, 특히 저는 종종 젊은이와 노년층에게 이 시험이 반드시 올 것이라고 생각합니다. 하나님의 은혜로 요셉처럼 그것을 이기는 방법, 곧 피하는 방법을 쓰는 것이 복입니다. 다른 방법은 없습니다. 이 대적과는 말다툼하지 말고 도망해야 합니다. 머뭇거리는 순간 사로잡히며, 바라보는 순간 열매를 따게 됩니다. 뱀의 공격을 어떻게 막을까 생각하는 순간 이미 그 똬리에 휘말리게 됩니다. 주저하는 자는 망합니다.

"네 생명을 위하여 도망하라. 뒤를 돌아보지 말며, 들에 머물지도 말라"는 것이 소돔에서 나오는 모든 사람에게 주어지는 유일한 지침입니다. 바울이 디모데에게 쓴 것처럼, "청년의 정욕을 피하라"는 말씀이 바로 여기에 해당합니다.

주목할 점은, 비록 신실은 요염의 유혹에 굴복하지 않았지만, "내가 과연 온전히 피했는지는 모르겠다"라고 말했다는 것입니다. 아마도 육체의 유혹은 거절하더라도 우리에게 상처를 남기는 듯합니다. 숯불이 우리를 태우지 않아도 그을리게는 합니다. 악한 생각, 특히 이런 종류의 생각 자체가 죄입니다. 이런 종류의 기사를 신문에서 읽는 것만으로도 우리 마음은 어느 정도 오염됩니다. 어떤 꽃이 피면 향기를 뿜어내듯, 이런 부류의 일들은 귀에 닿는 순간 악취를 풍깁니다. 모든 순례자가 요염의 그물과 구덩이에서 보존되기를 바랍니다.

크리스천 : 오면서 다른 공격은 없었습니까?

신실 : 제가 '어려움의 언덕' 아래에 이르렀을 때, 나이 많은 한 사람을 만났습니다. 그는 저에게 제가 누구이며 어디로 가는지를 물었습니다. 저는 하늘의 도성으로 가는 순례자라고 말했습니다. 그러자 그 노인이 말했습니다. '그대는 정직한 사람처럼 보이는구려. 내가 주는 품삯을 받고 나와 함께 살 의향이 있습니까?' 그래서 저는 그의 이름과 사는 곳을 물었습니다. 그는 자기 이름은 '첫사람 아담'이며 '속임의 마을'에 산다고 했습니다(엡 4:22). 제가 다시 그에게 하는 일과 주는 품삯이 무엇인지 물었더니, 그는 일이란 세상 모든 즐거움을 누리는 것이며, 품삯은 제가 그의 상속자가 되는 것이라고 했습니다. 또 어떤 집을 유지하며 종들은 어떤

자들인지 물었더니, 그는 집이 세상 모든 진미로 유지되고, 종들은 모두 자기 소생이라고 했습니다. 제가 자식이 있는지 묻자, 그는 세 딸이 있는데, 곧 '육신의 정욕'과 '안목의 정욕'과 '이생의 자랑'이며, 제가 원하면 셋 모두와 결혼하게 해 주겠다고 했습니다(요일 2:16). 그래서 얼마나 오래 그와 함께 살아야 하는지 물었더니, 그는 자기 생이 다할 때까지라고 했습니다."

하늘 가는 길을 오래 걸은 그리스도인이라면, 신실이 말한 '첫사람 아담'이 무엇을 의미하는지 잘 알고 있을 것입니다. 그래도 잠시 묵상하는 것이 유익합니다. 이렇게 해야만, 우리를 이 모든 악의 아비, 곧 우리 안에 있는 옛 아담의 권세에서 건져주신 크신 은혜를 더욱 찬송하게 될 것입니다.

첫째로, 이 본성은 '옛 사람'으로 묘사된다는 점을 주목해야 합니다. 여러분 가운데 회심한 지 2~3년밖에 안 되었더라도, 나이가 서른이면 옛 본성은 서른 살입니다. 새 본성은 3살밖에 안 된 것입니다. 일흔 살이 되어도 은혜 안에서는 아직 어린아이일 수 있습니다. 갓 태어난 아기가 하나님께서 도우시고 특별한 힘을 주시지 않으면 이 '옛 사람'을 상대할 수 없는 것은 당연합니다.

이 늙은 사람이 순례자를 만나 그를 "정직한 사람"이라고 불렀습니다. 우리의 옛 본성도 항상 우리 자신을 좋게 생각하도록 부추기려 합니다. 하나님의 말씀은 "마음은 만물보다 거짓되고 심히 부패하였다"고 말합니다. 이 속임수 중 하나가 바로 우리를 아첨하는 것입니다. 실제로 온갖 죄를 지은 사람들이 자신을 놀라울 만큼 정직하다고 자부하는 경우가 많습니다. 그들은 위선자가 아니라고 주장하고, 종교적인 체하는 것을 싫어한다고 말합니다. 그러나 자신의 마음이 건네는 칭찬은 경계해야 합니다.

'옛 아담'은 '신실'에게 자기 집에 가자고 하였습니다. 그는 품삯을 약속했습니다. '옛 아담' 아래에서는 모든 것이 품삯이지만, '새 아담' 안에서는 그것이 빚이 아니라 은혜입니다. 그는 품삯이 결국 상속자가 되는 것이라고 했습니다. 그러나 "죄의 삯은 사망"이니, 육신을 따라 사는 자는 썩어질 것을 거두게 됩니다. 우리가 '옛 아담'에게서 받을 유산은 진노의 상속뿐입니다. 그분의 종으로 일하여 영원한 진노를 삯으로 받게 되는 것은 참으로 비참한 결말입니다.

일에 대해서 그는 온갖 즐거움이라고 했습니다. 죄에는 분명 육신이 좋아하는 즐거움이 있습니다. 그러나 그 즐거움은 거품과 같아 잠시 반짝일 뿐입니다. 처음에는 달콤해 보이지만, 그 끝에는 하나님께서 말씀하신 대로 악인이 마셔야 할 찌꺼기가 있습니다. 이생에서도 그 찌꺼기를 마셔야 하며, 내세에서는 주의 임재로부터 영원한 멸망을 당합니다. '옛 아담'은 또 자기 집이 세상 모든 진미로 유지된다고 했습니다. 그러나 옛 본성은 아무리 많은 것을 누려도 결코 만족하지 못합니다. 솔로몬이 그 길을 걸으며 노래와 음악, 포도주와 온갖 즐거움을 누렸으나, "헛되고 헛되니 모든 것이 헛되다"고 말했습니다. 육신의 즐거움은 덧없으며, 금세 꺼져 한 줌 재만 남습니다.

그의 세 딸에 대해서는 이미 잘 아실 것입니다. 첫째 '육신의 정욕'은 이미 요염에 대한 이야기에서 다루었습니다. 둘째는 '안목의 정욕'입니다. 눈은 아름다운 것을 보면 쉽게 욕심을 품습니다. 성령께서 우리의 마음을 지켜주시지 않으면 우리는 곧 탐욕에 빠집니다. 이 계명은 자주 무의식적으로 어기며, 그 죄를 깊이 회개하지 않는 경우가 많습니다. 셋째는 '이생의 자랑'입니다. 많은 그리스도인이 이 딸에게 굴복하여 의복, 지출, 외형적 과시에 빠집니다. 세상 사람들은 이를 가장 점잖은 것으로 여기지만, 하나님 보시기에는 '육신의 정욕'만큼이나 '옛 아담'의 참된 딸입니다. 주님께서 자신을 치장하여 주목받는 모습은 상상하기 어렵습니다. 막달라 마리아나 마르다와 마리아도 그저 겉모양을 치장하는 일에는 관심이 없었을 것입니다. 오히려 옛 시대의 거룩한 여인들처럼, 단정하고 고요한 영으로 자신을 꾸몄을 것입니다. 그러나 이 딸은 오늘날 매우 인기가 많으며, 사람들을 빚더미에 올리고, 심지어 교회 안에서도 환영받고 있습니다.

'옛 아담'은 '신실'에게 이 셋과 모두 결혼하라고 제안했습니다. 어떤 이는 실제로 이 끔찍한 삼중 결혼을 하여, 그 결과 세 가지 저주를 모두 겪었습니다.

또한 그의 섬김은 평생 지속된다고 했습니다. '옛 아담'에게 자신을 맡긴 사람은 결코 그 섬김에서 벗어나지 못합니다. 그는 젊은이에게는 젊은이의 덫을, 중년에게는 중년의 유혹을, 노년에게는 노년의 함정을 준비합니다. 죄의 섬김은 평생 지속되며, 그 끝은 영원한 화입니다.

> **크리스천** : 그러면, 결국 그 늙은 자와 그대는 어떤 결론에 이르렀습니까?
>
> **신실** : 처음에는 제가 그 사람을 따라가고 싶은 마음이 조금 있었습니다. 그는 매우 그럴듯하게 말했기 때문입니다. 그러나 그와 대화하는 중에 그의 이마를 보니, 거기에 '그의 행위를 벗어버리고 옛 사람을 벗으라'라고 쓰여 있었습니다."

'신실'이 그 늙은 자를 유심히 살펴보게 된 것은 참으로 하나님의 자비였습니다. 그를 자세히 보기만 해도 어떤 존재인지 알 수 있습니다. 그는 너무도 분명하게 악하기 때문에, 조금만 생각해도 "옛 사람과 그의 행위를 벗어버리라"는 결론에 이를 수밖에 없습니다. 양심은 예수님을 따르는 자들에게 자기 방종이 결코 옳지 않다는 것을 알려 줄 만큼 깨어 있습니다. "옛 사람과 그의 행위를 벗어버리라"는 말이 그의 이마에 새겨져 있었고, '신실'은 그것을 보자마자 그와 더는 상관하지 않기로 했습니다.

제13장
길에서 '신실'이 겪은 일들 (결론)

"**크리스천** : 그리고 그다음은 어땠습니까?

신실 : 그가 무슨 말을 하든, 또 아무리 그럴듯하게 아첨하든, 그가 나를 자기 집으로 데려가면 나를 종으로 팔 것이라는 생각이 불같이 마음속에 치밀어 올랐습니다. 그래서 나는 그에게 그만 말하라고 하고, 그의 집 문에 가까이 가지 않겠다고 했습니다. 그러자 그는 나를 욕하고는, 내 길을 영혼 깊이 쓰라리게 만들 자를 보내겠다고 했습니다. 그래서 나는 그에게서 떠나려고 몸을 돌렸습니다. 그러나 막 몸을 돌리는 순간, 그가 내 육신을 움켜잡고 치명적으로 세차게 당겨서, 마치 내 일부를 자기 쪽으로 잡아당겨 간 듯했습니다. 그 때문에 나는 '오호라, 나는 곤고한 사람이로다!'(롬 7:24)라고 외쳤습니다. 그래도 나는 언덕을 올라 계속 갔습니다. 언덕의 절반쯤 올라갔을 때, 뒤를 돌아보니 바람처럼 빠른 속도로 나를 따라오는 한 사람이 보였습니다. 그는 '의자'가 있는 곳에서 나를 따라잡았습니다. 그는 나를 따라잡자마자 말보다 주먹이 먼저였고, 나를 쓰러뜨려 거의 죽게 만들었습니다. 나는 정신을 조금 차린 후, 왜 나를 이렇게 대하느냐고 물었습니다. 그는 내가

'첫사람 아담'에게 마음이 기울었기 때문이라고 했습니다. 그러고는 내 가슴을 또 한 번 세게 쳐서 나를 뒤로 넘어뜨렸습니다. 나는 그의 발 아래 거의 죽은 듯이 엎드러졌습니다. 나는 다시 정신을 차리자 그에게 자비를 구했지만, 그는 '나는 자비를 베푸는 법을 모른다'고 말하며 또 나를 쓰러뜨렸습니다. 그는 분명 나를 완전히 끝장냈을 것이지만, 그때 어떤 분이 지나가며 그에게 그만두라고 하셨습니다.

크리스천 : 그만두라고 하신 분은 누구였습니까?

신실 : 처음에는 그분을 알아보지 못했지만, 지나가실 때 손과 옆구리에 있는 못자국을 보고 그분이 우리 주님이심을 알았습니다. 그래서 나는 언덕을 올랐습니다.

크리스천 : 그대에게 달려든 그 사람은 모세입니다. 그는 아무도 용서하지 않고, 자기 율법을 어기는 자들에게 자비를 베푸는 법을 모릅니다.

신실 : 잘 알고 있습니다. 그와 마주친 것이 이번이 처음이 아닙니다. 내가 집에서 안일하게 지낼 때에도, 그는 찾아와서 거기에 머물면 내 집을 불태우겠다고 했습니다."

'신실'이 말했습니다. "그때 문득 마음속에 불타오르듯 이런 생각이 들었습니다. 그가 무슨 말을 하든, 아무리 그럴듯하게 아첨하든, 나를 자기 집으로 데려가면 나를 노예로 팔아버릴 것이다." 아, 그렇습니다. 우리가 육체의 정욕 가운데 어느 하나라도 허용하면, 우리는 그것들의 노예가 됩니다. 그리고 자신을 부패한 본성에 내어준 사람보다 더한 노예 상태는 없습니다. 그는 점점 더 악해지고, 악에서 더 큰 악으로, 그리고 마침내 최악으로 나아가게 됩니다. 술이 가져오는 노예 상태가 얼마나 심각한지 보십시오. "누가 재앙이 있느냐? 누가 근심이 있느냐? 누가 다툼이 있느냐? 누가 원망이 있느냐? 까닭 없는 상처가 누구에게 있느냐? 눈이 붉은 자가 누구냐? 술에 오래 머무는 자와 섞은 술을 구하러 다니는 자에게 있느니라." 우리의 정욕에 대해서는, 그에 따른 더 분명한 형벌이 뒤따릅니다. 누구나 압니다. 정욕에 조금이라도 굴복하면, 그 다음에는 더 많이 굴복하게 되는 성향이 있다는 것을 말입니다.

그러자 '첫사람 아담'이 '신실'을 비방하기 시작했습니다. 우리가 육체의 유혹을 거절하면, 그것은 반드시 우리를 찢어놓으려 듭니다. 마귀는 우리를 대하는 두 가지 방식이 있습니다. 처음에는 부드럽게 말하며 자기 뜻대로 하라고 하지만, 우리가 "아니오"라고 하면 곧 우리가 하나님의 자녀가 아니라고 단정하며, 마치 자신이 성인(聖人)이라도 되는 것처럼 우리를 책망합니다. 그는 어떤 식으로든 우리에게 원수가 됩니다. 이 늙은 자가 바로 그렇게 '신실'을 대했습니다.

그는 또 다른 일을 했는데, 우리 중 몇 사람은 그 의미를 잘 압니다. 그는 '신실'을 심하게 잡아당겼습니다. 죄가 가끔 우리를 사로잡아 다시 속박하려 끌어당길 때를 떠올리면 눈물이 날 정도입니다. 우리는 악을 알았고, 하나님의 은혜로 그것을 거절하기로 결심했으며 실제로는 그 죄에 빠지지 않았지만, 거의 발을 헛디뎌 넘어질 뻔했던 때가 있었습니다. 가장 뛰어난 성인의 육체라도 결국 타락한 본성의 육체일 뿐이며, 가장 거룩한 사람의 옛 본성도 철저히 육적이고 다른 성질을 가질 수 없습니다. 그것은 너무나 악하고 가증하여 반드시 묻혀야 하며, 하나님께서도 결코 그것을 개선하려 하지 않으십니다. 새 본성이 와서 먼저 그것을 억누르고, 마침내 완전히 죽여야 합니다. 그러나 그것이 존재하는 동안에는 "하나님과 원수"이며, "하나님의 법에 굴복하지 아니하고, 할 수도 없습니다." 이 옛 본성은 마치 사람을 두 동강 낼 듯한 끌어당김을 가할 수 있습니다.

많은 신자가 이런 내적 싸움 때문에 크게 낙심합니다. 옛사람과 새사람 사이에 전쟁과 다툼이 시작되면, 곧 자신이 망했다고 결론짓습니다. 그러나 그것은 어리석은 생각입니다. 전쟁이 없다는 것은 생명이 없다는 증거이기 때문입니다. 싸움이 전혀 없다는 것은 그 안에 단 하나의 권세, 곧 악한 권세만 있다는 의미일 것입니다. 내면에서 일어나는 격변이나 유혹의 공격, 그리고 그것이 우리의 내적 원리에 가하는 강한 힘 때문에, 자신이 하나님께 버림받았다고 결론내리지 마십시오. 오히려 이렇게 부르짖어야 할 이유입니다. "누가 이 사망의 몸에서 나를 건져내랴?" 그리고 믿음으로 이렇게 외쳐야 합니다. "우리 주 예수 그리스도로 말미암아 하나님께 감사하노라."

저는 때때로, 이런 이중 본성에서 오는 내적 싸움에 대해 전혀 이해하지 못하는 일부 그리스도인들에게 깜짝 놀랍니다. 참된 제자일지라도, 그리스도인에게 옛 부패성이 남아 있다고 생각하는 것 자체를 이상하게 여기는 경우가 있습니다. 저는 다른 사람들보다 더 악할지 모르지만, 제 안에 거하는 죄를 고통스럽게 의식하지 않고 지나가는 날이 하루도 없다는 것을 고백하지 않을 수 없습니다. 비록 은혜로 구원받았고 성령 하나님의 역사로 새 본성을 부여받았지만, 저는 종종 사도와 함께 이렇게 부르짖습니다. "오호라 나는 곤고한 사람이로다! 이 사망의 몸에서 누가 나를 건져내랴?" 저는 이것이 모든 하나님의 백성이 공유하는 경험이라고 생각합니다. 가능하다면 이 싸움에서 벗어나고 싶지만, 하늘 문 앞에 이를 때까지 다윗의 집과 사울의 집, 여자의 후손과 뱀의 후손, '첫사람 아담'과 '새 아담', 육적 본성과 영적 본성 사이에는 날마다, 시간마다 이런 싸움이 있을 것이라 믿습니다.

어쨌든 우리 순례자는 도망쳤습니다. 그러나 그는 단지 위협만 받은 채로 빠져나왔습니다. '첫사람 아담'은 그에게, 그의 길을 영혼에 쓰라리게 만들 자를 뒤에 보낼 것이라고 말했습니다. 여러분도 그가 누구인지 압니다. 그는 모세였습니다. 율법이 그리스도인의 양심을 파고들면 이렇게 말합니다. "네가 정욕으로 인한 세상의 부패에서 완전히 벗어났다고 주장하지만, 너를 보라! 만약 네가 네 자신에게 맡겨졌다면 다른 사람들과 똑같이 행동했을 것이다. 실제 죄를 짓지 않았다 하더라도, 그 생각을 네 혀 아래 굴리며 그 달콤함을 맛보지 않았느냐? 이런 말이 너에게 적용될 수 있는데, 어떻게 네 본성이 변했다고 할 수 있느냐?" 그러면 큰 몽둥이가 계속해서 내려쳐, 우리를 피투성이로 만들고 거의 죽게 합니다.

율법이 그리스도인과 맞서기 시작하면, 도와줄 분이 오시지 않는 한, 가장 훌륭한 사람도 곧 쓰러지게 됩니다. "율법의 행위로는 그분 앞에서 의롭다 하심을 얻을 육체가 없습니다." 하나님의 율법 앞에 서면, 그는 이렇게 고백하게 됩니다. "율법은 신령하거니와 나는 육신에 속하여 죄 아래 팔렸도다." 그것은 사람을 거의 죽은 자처럼 만들고, "전에 율법 없이 살았으나, 계명이 이름에 죄는 살아나고 나는 죽었다"라는 상태에 이르게 합니다. 저는 제 안에서 역사하는 죄의 권능을 느꼈고, 고발자의 발 앞에 완전히 생명 없는 자처럼 쓰러져 있는 것 같았습니다. 그러나 율법이 그리스도인을 진정으로 죽일 수는 없습니다. 그리스도인이 자기 자리를 지키는 법을 알면, 그것은 그를 해치지

　　　　　제13장 길에서 '신실'이 겪은 일들 (결론)

못합니다. 우리는 율법 아래 있지 않고 은혜 아래 있습니다. 우리는 다시 두려워하는 종의 영을 받지 않았고, 양자의 영을 받았으므로 "아바, 아버지"라고 부릅니다.

모세는 결국 우리에게 좋은 친구입니다. 그는 매우 거세게 우리를 때리지만, 그리스도께로 몰아간다면 그것은 우리에게 복된 경험입니다. 그가 우리 머리 위의 집을 불태우겠다고 위협하든, 거짓 피난처에서 우리를 몰아내든, 그것은 실로 우리에게 은혜입니다. 그러나 모세에게 양심이 얻어맞는 경험은 참으로 고통스러운 과정입니다.

그분, 곧 "손과 옆구리에 못자국이 있는" 분이 지나가실 때, 그 순간이 얼마나 기쁜지 모릅니다! 이제 크리스천은 이것을 이해할 것입니다. 그리스도께서 십자가에 못 박히신 모습을 바라보게 되면, 시내산의 천둥소리도 더 이상 두렵지 않습니다. 그분이 당신을 사랑하시고, 당신을 위해 자신을 내어주셨으며, '옛 아담'의 본성이 지은 죄를 친히 나무에 달리신 몸에 담당하셨음을 느낄 때, 당신은 말로 다 할 수 없는 영광스러운 기쁨으로 즐거워하게 됩니다.

당신은 모세에게 얻어맞는 것이 무엇인지 알고 있을 것입니다. 바라건대, 당신은 또한 사랑 많으신 주님께 치료받고 기쁨으로 길을 떠나는 것이 무엇인지도 알기를 바랍니다.

어떤 사람들은 이 모든 것을 이해하지 못할 것입니다. 나는 다만 그들이 언젠가 이것을 깨닫게 되기를 기도할 뿐입니다. 기억하십시오. 만일 당신 안에 선한 것을 향한 어떤 싸움도 없다면, 당신은 전적으로 부패한 것입니다. 결코 마음이 요동하지 않고, 전혀 괴로움을 느끼지 않는다면, 오히려 심히 근심해야 할 이유가 있는 것입니다. 결코 싸움을 하지 않는다면, 승리도 없습니다. 결코 고난을 겪지 않는다면, 함께 왕 노릇하는 일도 없습니다. 자신을 부인하는 법을 배우지 못했다면, 하나님의 백성과 함께하는 자가 될 수 없습니다.

강물 속 물고기 중 어떤 것이 죽었고 어떤 것이 살아 있는지는 쉽게 구분할 수 있습니다. 물 위에 떠서 하류로 흘러가는 물고기는 죽은 것이 분명합니다. 그러나 강한 물살을 거슬러 힘차게 헤엄쳐 오는 물고기를 보십시오. 그것은 죽은 물고기가 아니라 살아 있는 것입니다. 마찬가지로, 사람이 이웃들의 풍습에 따라, 다른 사람들이 하는 대로 흘러가며 살아간다면, 그 영혼은 죽은 것입니다. 그러나 스스로를 거슬러 싸우고, 풍습을 거슬러 싸우며, 세상에 속한 모든 것을 거슬러 싸우는 사람이라면, 그는 살아 있는 사람입니다. 그리고 그에게 생명을 주신 하나님께서 그 생명을 끝까지 지키시고, 마침내 상급을 주실 것입니다.

생명의 증거는 피 흘리신 구주를 향한 단순한 믿음입니다. 사랑하는 이여, 그분만 바라보십시오. 그분만이 그대를 모세와 '첫사람 아담'으로부터 지키실 수 있습니다. 그리고 오, 가련한 죄인이여! 만일 온전한 안식을 얻고자 한다면, "내게로 돌이키라. 그러면 땅 끝의 모든 백성들아, 너희가 구원을 얻으리라"라고 말씀하시는 그분께 눈물 어린 눈을 돌리십시오.

 제13장 길에서 '신실'이 겪은 일들 (결론)

elixir vitæ
FREDERICK Rhead

제14장
허영의 시장

"그때 나는 꿈속에서, 그들이 광야를 벗어나자 곧 한 마을이 앞에 보였는데, 그 마을의 이름은 '허영'이었고, 그 마을에서는 '허영의 시장'이라 불리는 장터가 열리고 있었다. 이 시장은 일 년 내내 열린다. 그것이 '허영의 시장'이라 불리는 이유는, 시장이 열리는 그 마을 자체가 입김보다 더 가볍기 때문이며(시 62:9), 또 그곳에서 팔리거나 들여오는 모든 것이 다 헛된 것이기 때문이다. 지혜자의 말과 같이, '다가올 일은 다 헛되도다'(전 11:8)."

그리스도인의 가장 행복한 상태는 가장 거룩한 상태입니다. 태양 가까이에 있을수록 열이 가장 강하듯, 그리스도께 가장 가까이 있을수록 행복도 가장 큽니다. 그리스도인의 눈이 허무한 것에 고정되어 있을 때는 참된 위로를 누릴 수 없습니다. 불경건한 사람들이 쾌락을 향해 달려가는 것을 나는 비난하지 않습니다. 그들이 마음껏 누리게 하십시오. 그것이 그들이 누릴 전부입니다. 그러나 그리스도인들은 세상의 무미건조한 허영보다 더 높은 영역에서 기쁨을 찾아야 합니다. 헛된 추구는 새롭게 된 영혼에게 위험합니다.

"이제, 내가 말했듯이, 하늘 도성으로 가는 길은 바로 이 활기찬 시장이 열리는 마을을 지나갑니다. 만약 이 마을을 통과하지 않고 그 도성에 가고자 한다면, '세상에서 나가야만 할 것'입니다(고전 5:10)."

사방에서 마주치는 다툼과 죄악에 지칠 때, 모든 성도들이 동일한 시험을 견뎌냈음을 기억하십시오. 그들은 깃털 침대에 실려 하늘에 간 것이 아니었고, 그대 역시 그들보다 더 쉽게 여행할 것이라 기대해서는 안 됩니다. 그들은 들판의 높은 곳에서 목숨을 내어놓는 위험을 감수해야 했고, 그대 역시 예수 그리스도의 좋은 군사로서 고난을 견뎌내기 전에는 면류관을 받을 수 없습니다. 그러므로 "믿음에 굳게 서서 남자답게 강건하라"는 말씀처럼 하십시오.

"이제 이 순례자들은, 내가 말했듯이, 반드시 이 시장을 지나가야 했다. 실제로 그들은 그렇게 했다. 그런데, 보라. 그들이 시장에 들어서자마자, 시장의 모든 사람들이 소란에 휩싸였고, 마을 자체가 뒤숭숭해졌다. 그 이유는 여러 가지였다.
첫째, 순례자들은 시장에서 장사하는 사람들과 전혀 다른 옷차림을 하고 있었다. 그래서 시장 사람들은 그들을 뚫어지게 바라보았다. 어떤 이들은 그들을 바보라고 했고, 어떤 이들은 미치광이라고 했으며, 또 어떤 이들은 이방인이라고 했다(고전 4:9).
둘째, 그들의 옷차림에 놀랐을 뿐 아니라, 말투에도 놀랐다. 그들이 하는 말을 알아들을 수 있는 사람이 거의 없었기 때문이다. 순례자들은 본래 가나안의 언어를 썼지만, 시장을 지키는 자들은 이 세상의 사람들이었다. 그래서 시장의 처음부터 끝까지 서로가 서로의 말을 알아듣지 못했다(고전 2:7-8)."

그리스도를 온전히 따르는 사람은 반드시 어떤 식으로든 좋지 않은 별명을 얻게 됩니다. 사람들은 "참 별난 사람이군"이라고 말할 것입니다. 참된 그리스도인이 되면 곧 눈에 띄는 사람이 됩니다. "저 사람 참 이상해!" "저 여자는 참 독특하네!"라고 말합니다. 우리는 단지 양심적으로 하나님의 뜻에 순종하려 애쓸 뿐인데, 마치 스스로를 돋보이게 하려는 것처럼 생각합니다.

그들은 "왜 그렇게 구식이냐?"고 말할 것입니다. 마치 올리버 크롬웰 시대에 믿었던 바로 그 옛 진리를 여전히 믿는 것처럼 보입니다—그 옛 청교도 교리들 말입니다. 그들은 우리의 믿음을 비웃으며 우리가 자유를 잃었다고 주장합니다.

"이 시장은 새로 생긴 것이 아니라, 오래 전부터 있던 것이다. 이제 그 기원을 보여주겠다.

거의 오천 년 전, 지금의 이 두 정직한 사람들처럼 하늘의 도성을 향해 걸어가고 있는 순례자들이 있었다. 그때 '바알세불'과 '아볼루온'과 '레기온'이 그들의 동료들과 함께, 순례자들이 걸어가는 길을 보니, 그 길이 '허영'이라는 마을을 통과한다는 것을 알게 되었다. 그들은 이곳에 한 시장을 세우기로 꾀하였다. 그 시장에서는 온갖 종류의 허영이 팔리고, 그것이 일 년 내내 지속되도록 하였다. 그러므로 이 시장에서는 집, 토지, 직업, 관직, 명예, 진급, 작위, 나라, 왕국, 정욕, 쾌락과 온갖 종류의 즐거움, 곧 창녀, 아내,

허영에는 여러 종류가 있습니다. 어리석은 자의 모자와 방울, 세상의 흥청거림, 춤, 수금, 방탕한 자의 잔—이런 것들은 누구나 허영임을 알고 있습니다. 그것들은 이마에 스스로의 이름과 칭호를 분명히 붙이고 다닙니다. 그러나 훨씬 더 교묘한 허영도 있습니다. 세상의 염려와 재물의 속임수입니다. 사람은 회계장부 앞에서도, 극장 안에서처럼 똑같이 허영을 좇을 수 있습니다. 만약 그가 삶을 오직 재산을 모으는 데 쓰고 있다면, 그는 허망한 모습 속에서 인생을 보내는 것입니다. 그리스도를 따르고 하나님을 삶의 최고의 목표로 삼지 않는다면, 가장 경박한 자와 우리는 겉모습만 다를 뿐입니다.

죄의 달콤함이야말로 그것을 더 위험하게 만듭니다. 사탄은 결코 독을 벌거벗겨 팔지 않습니다. 반드시 그것을 금으로 입혀서 내놓습니다. 쾌락을 경계하십시오. 그중 많은 것은 무해하고 건강하지만, 그중 많은 것은 파괴적입니다. 가장 아름다운 선인장이 자라는 곳에 가장 독이 강한 뱀이 숨어 있듯, 죄도 마찬가지입니다. 가장 그럴듯한 즐거움이 가장 추악한 죄를 품고 있을 수 있습니다. 조심하십시오! 클레오파트라의 독사는 꽃바구니 속에 들어 있었습니다. 사탄은 술 취하는 잔의 달콤함을 주정꾼에게 제공합니다. 그는 우리 각자에게도 특별한 즐거움을 제안하며, 쾌락으로 간질여 우리를 붙잡으려 합니다.

어릿광대, 원숭이, 악당과 불량배들이 등장한다."

"또한 여기서는, 그것도 공짜로, 도둑질, 살인, 간음, 위증이 핏빛처럼 짙은 색깔로 드러난다."

그리스도 안에서 살아난 사람이 육신의 부패 속에 거하는 것은 잘못된 일입니다. "너희가 어찌하여 살아 있는 자를 죽은 자 가운데서 찾느냐?"라고 막달라 마리아에게 천사가 말했습니다. 살아 있는 자가 무덤 속에 거해야 하겠습니까? 신적인 생명이 육체의 정욕이라는 시체 안에 갇혀야 하겠습니까? 우리가 주의 잔을 마시면서, 동시에 벨리알의 잔을 마실 수 있습니까? 믿는 이여, 당신은 분명 드러난 정욕과 죄에서는 해방되었습니다. 그러나 사탄의 올무와 같은 더 은밀하고 교묘한 유혹에서도 벗어났습니까? 교만의 정욕에서 나왔습니까? 게으름에서 벗어났습니까? 육적인 안일함에서 완전히 자유로워졌습니까? 날마다 세속적 삶과 이생의 자랑, 탐욕이라는 덫에서 벗어나 거룩함을 좇고 있습니까? 거룩함은 그리스도인의 면류관이며 영광입니다.

"셋째로, 상인들을 적잖이 당황하게 만든 것은, 이 순례자들이 모든 상품을 아주 하찮게 여겼다는 점이다. 그들은 그것들을 쳐다볼 생각조차 하지 않았다. 상인들이 와서 물건을 사라고 하면, 그들은 귀를 막고 '내 눈을 돌려 허망한 것을 보지 않게 하소서'라고 외치며, 하늘을 우러러 자기들의 장사와 거래가 하늘에 있음을 나타냈다.(빌 3:20-21)"

　　　　　제14장 허영의 시장

"그때 어떤 사람이, 그들의 행동을 비웃으며 '무엇을 사겠소?' 하고 묻자, 그들은 진지하게 그를 바라보며 '우리는 진리를 삽니다'라고 대답했다."

오늘날의 보편적인 종교는 그리스도와 벨리알이 뒤섞인 혼합물입니다. "만일 하나님이 참 하나님이시라면 그를 섬기라. 바알이 참 신이라면 그를 섬기라." 여호와와 바알 사이에는 결코 동맹이 있을 수 없습니다. 여호와와 바알은 결코 친구가 될 수 없습니다. "너희가 하나님과 재물을 겸하여 섬길 수 없느니라," "한 사람이 두 주인을 섬길 수 없다." 진리와 순결의 문제에서 타협하려는 모든 시도는 거짓 위에 세워진 것입니다. 하나님께서 우리를 이 미워할 만한 두 마음에서 구해 주시기를 바랍니다. 열매 없는 어둠의 일에 참여하지 말고 도리어 그것을 책망하십시오. 우리를 부르신 높은 부르심과 품격에 합당하게 행하십시오. 기억하십시오, 그리스도인이여, 당신은 만왕의 왕이신 분의 아들입니다. 그러므로 세상으로 자신을 더럽히지 마십시오. 곧 하늘의 거문고 줄을 탈 손가락을 더럽히지 마십시오. 곧 왕의 아름다우심을 보게 될 눈을 정욕의 창으로 만들지 마십시오. 곧 황금 거리를 걷게 될 발을 진흙탕에서 더럽히지 마십시오. 곧 하늘로 가득 차 기쁨이 넘치게 될 마음을 교만과 원한으로 채우지 마십시오.

"영원한 아름다움이 피어나는 곳으로 일어나라,
신적 기쁨이 가득한 그곳으로.
결코 사라지지 않을 부요와,
끝없는 영광이 빛나는 그곳으로"

"그 말에 사람들은 그들을 더욱 업신여기게 되었다. 어떤 이는 비웃고, 어떤 이는 조롱하며, 어떤 이는 모욕의 말을 퍼부었고, 또 어떤 이는 다른 사람들에게 그들을 때리라고 부추겼다. 마침내 시장 안은 소란과 큰 혼란이 일어나 모든 질서가 무너졌다. 곧 이 소식이 시장의 '큰 자'에게 전해졌고, 그는 재빨리 내려와 가장 믿을 만한 부하 몇 명을 보내 그들을 심문하게 했다. 시장이 뒤집어질 뻔하게 만든 장본인들이었기 때문이다. 그리하여 그들은 심문을 받게 되었고, 심문관들은 그들에게 어디서 왔는지, 어디로 가는지, 왜 그렇게 이상한 옷차림을 하고 있는지를 물었다. 그들은 자신들이 이 세상에서는 나그네요 순례자이며, 본향인 하늘의 예루살렘으로 가는 길에 있다고 대답했다. 또 자신들이 시장 사람들이나 상인들에게 괴롭힘을 당할 만한 일을 한 적이 없고, 여정을 방해할 만한 일도 하지 않았다고 말했다. 다만 누군가가 '무엇을 사겠느냐'고 물었을 때, 자신들은 '진리를 사겠다'고 대답했을 뿐이라고 말했다. 그러나 그들을 심문하던 자들은 그들이 정신이 나갔거나, 시장을 혼란에 빠뜨리러 온 자들이라고만 믿었다. 그래서 그들을 붙잡아 때리고, 진흙을 뒤집어씌운 뒤, 우리 안에 가두어 시장 사람 모두에게 구경거리가 되게 했다. 그리하여 그들은 한동안 그곳에 갇혀 누구든 마음껏 조롱하거나 악의나 복수심을 퍼붓는 대상이 되었고, 시장의 '큰 자'는 그들에게 벌어지는 일을 보며 계속 웃었다."

순례자는 '허영의 시장'을 지날 때 항상 의심스러운 자로 취급됩니다. 우리는 단지 감시를 받을 뿐 아니라, 우리가 알지 못하는 더 많은 첩자들이 있습니다. 이 감시는 국내외를 막론하고 어디에나 있습니다. 만약 우리가 원수들의 손에 떨어진다면, 우리의 연약함을 참아줄 기대를 하느니 차라리 늑대에게서 너그러움을, 마귀에게서 자비를 기대하는 편이 나을 것입니다. 하나님의 백성을 중상모략함으로 불신앙을 양념하는 자들에게서 인내를 기대할 수는 없습니다. 경건하고 은혜로운 삶을 살면 박해를 피할 수 없습니다. 혹시 신실한 그리스도인들 가운데 살아서 박해를 피하는 복된 경우도 있을 수 있지만, 보통의 그리스도인은 신실하다면 힘든 시간을 겪게 됩니다. 경건하지 않은 자들은 주 예수께 충성하는 사람을 비난합니다. 그리스도인은 일터에서 조롱당하고, 거리에서 손가락질당하며, 모욕적인 이름으로 불립니다. 박해는 키질하는 부채처럼 작용하여, 겨처럼 가벼운 자들은 그 바람에 날려 가지만, 참 곡식인 자들은 남아 정결케 됩니다. 사람의 평판을 개의치 않고, 참으로 하나님을 두려워하는 자는 그 길을 계속 가며 영원히 주를 경외합니다.

"이 일의 결국을 다 들었으니" 내가 바라는 것은 교회가 더 거룩해지는 것입니다. 나는 세상과의 타협이 너무 많은 것을 안타까워합니다. 부(富)가 사람을 얼마나 자주 길에서 벗어나게 하는지, 또 얼마나 많은 그리스도인이 이 악한 세상의 풍조를 따르는지 모릅니다. 안타깝게도 내가 아무리 설교를 해도, 여전히 많은 이들이 교회의 회원인 동시에 세상의 시민이 되려고 방황합니다. 그리스도를 사랑한다고 고백하면서도, 너무나 쾌락을 사랑하는 자처럼 행동하는 이들이 있습니다.

그리스도인이라고 하면서, 그곳에 가면 반드시 도덕이 더럽혀질 수밖에 없는 음악 홀이나 술집, 유흥의 장소에 있는 것은 부끄러운 일입니다. 그곳에서는 눈을 뜨거나 귀를 여는 순간, 자신이 사탄의 영역에 있다는 것을 알게 됩니다. 나는 살아 계신 하나님의 이름으로 여러분에게 권면합니다. 만일 선한 교제를 유지하지 못하고, 방탕의 무리를 피하지 못한다면, 자신이 그리스도의 제자라고 말하지 마십시오. 그분은 여러분에게 그들 가운데서 나와 분리되라고 명하십니다. 만일 음탕한 무리와 외설스러운 노래에 즐거움을 느낀다면, 무슨 권리로 성도들과 교제하며 시편 찬송에 함께하겠습니까?

가장 좋은 교제를 가지십시오. 하나님과 가까이 있는 사람들과 많이 함께 하십시오. 그리스도를 가장 가까이하는 사람들을 가장 가까운 친구로 삼으십시오. 그리스도의 사랑을 당신의 사랑으로 삼으십시오. 믿는 자는 누구와 함께하겠습니까? 당연히 믿는 자와 함께해야 합니다. 영국 속담에 "끼리끼리 모인다"는 말이 있습니다. 거룩한 자와 불경건한 자가 함께 어울리는 것은 살아 있는 자와 죽은 자가 함께 사는 것과 같습니다. 차라리 누더기를 입은 나사로와 함께하는 것이, 비단옷을 입은 부자와 함께하는 것보다 낫습니다. 하나님이 거하시는 곳에 거하십시오. 하늘에서 당신과 함께할 자와 이 땅에서도 함께하십시오.

거룩하지 않은 교회는 세상에도 쓸모가 없고, 사람들에게도 존경받지 못합니다. 그것은 가증하며, 지옥의 웃음거리이고, 하늘의 혐오 대상입니다. 세상에 닥친 가장 큰 재앙들은 거룩하지 않은 교회로부터 왔습니다. 오 그리스도인이여, 주님의 서원이 당신 위에 있습니다. 당신은 하나님의 제사장이니, 제사장답게 행하십시오. 당신은 하나님의 왕이니, 당신의 정욕을 다스리십시오. 당신은 하나님의 택하심을 입은 자이니, 벨리알과 사귀지 마십시오. 하늘이 당신의 몫이니, 하늘의 영처럼 사십시오. 그리하면 당신이 예수 그리스도를 참으로 믿고 있다는 것을 입증하게 될 것입니다. 마음에 거룩함이 없으면 믿음도 있을 수 없습니다.

"주여, 나는 피 값으로 산 이름을 가진 자로서,
오직 주를 근심하게 하는 것만을 두려워하며,
그 외의 다른 부끄러움은 모르는 자로 살기 원하나이다."

제15장
아첨꾼을 조심하라

크리스천과 소망은 기쁨의 산을 떠나 천성을 향해 길을 계속 갔습니다. 그때 목자들은 그들에게 "아첨꾼을 조심하라"고 경고했습니다. 그러나 그들은 그 충고를 무시한 대가를 나중에 경험을 통해 뼈저리게 알게 됩니다. 이야기는 이렇게 이어집니다.

"그들이 가다가 어느 지점에 이르렀는데, 거기서 길이 갈라지며, 새로 나타난 길이 그들이 가야 할 길만큼 곧아 보였다. 두 길 모두 똑바른 것 같아 어느 쪽으로 가야 할지 몰라 서서 생각하고 있었다. 그런데 그때 살갗은 검지만 아주 밝은 옷을 걸친 한 사람이 다가와 왜 서 있는지를 물었다. 그들은 천성을 향해 가고 있지만 어느 길로 가야 할지 모르겠다고 대답했다. 그러자 그 사람이 말했다. '나를 따라오시오. 나도 그곳으로 가는 길입니다.' 그래서 그들은 방금 생긴 길로 그를 따라갔는데, 그 길은 조금씩 방향을 틀어 결국 그들이 가려던 성과는 반대 방향으로 향하게 했다. 하지만 그들은 여전히 그를 따라갔다. 그러던 중, 그들이 미처 깨닫기도 전에 그는 두 사람을 그물 안으로 이끌었고, 그들은 그물에 단단히 얽혀 아무것도 할 수 없게 되었다. 그 순간, 그 검은 사람의 등에 걸쳐 있던 흰옷이 벗겨졌다. 그제야 그들은 자신들이 어디에 있는지 알게 되었다. 그래서 한동안 그곳에서 울기만 했다. 스스로 빠져나올 수 없었기 때문이다.

크리스천 : 이제야 내가 잘못했음을 알겠네. 목자들이 우리에게 아첨꾼을 조심하라고 하지 않았던가? 지혜자의 말이 사실임을 오늘 우리가 경험했네. '이웃에게 아첨하는 사람은 그의 발 앞에 그물을 치느니라'(잠언 29:5).

소망 : 그들이 우리에게 길에 관한 안내서도 주었는데, 우리는 그것을 읽는 것도 잊었고, 멸망시키는 자의 길에서 자신을 지키지도 못했네. 다윗은 우리보다 지혜로웠네. 그는 사람의 행사에 대하여 이렇게 말했네. '주의 입술의 말씀을 따라 내가 멸망시키는 자의 길에서 나를 지켰나이다'(시편 17:4).

그렇게 그들은 그물에 걸려 스스로를 한탄하며 누워 있었다."

이 장면은 선한 길에서 완전히 벗어나는 유혹을 묘사한 것이 아닙니다. 멸망시키는 자의 길은 마치 바른 길과 나란히 달리는 것처럼 보였습니다. 그들은 아무 생각 없이 길을 택한 것이 아니라 서로 상의하기까지 했습니다. 그러나 그들이 참으로 해야 했던 일은 '길 안내서'를 살펴보는 것이었습니다. 그들은 한 사람을 만났는데, 그는 마치 만왕의 왕의 종처럼 보였고, 부드럽게 말을 걸어 자신도 천성을 향해 가니 안내해 주겠다고 했습니다. 그의 매혹적인 말에 이끌린 그들은 그를 따랐고, 곧 그들의 얼굴은 전에 향하던 성과는 정반대 방향을 향하게 되었습니다.

이것은 죄를 의도적으로 선택한 경우가 아니라, 하나님의 말씀이라는 참된 안내자를 소홀히 함으로써 속임을 당한 경우입니다.

이러한 아첨꾼은 우리 마음속에도 있습니다. 우리는 종종 단순히 주 예수 그리스도만 의지하며 사는 것이 곧 생명으로 인도하는 좁고 곧은 길이라는 것을 알면서도, 어느 순간 위대한 사람의 신앙 체험담을 읽고 '그가 느낀 대로, 그가 의심한 대로, 그가 겪은 풍랑처럼 나도 느껴야 옳은 것 아닌가'라고 생각하게 됩니다. 그러면 또 다른 길이 있는 듯 보이고, 감정에 따라 사는 것이 좋겠다고 여겨집니다. 아첨꾼은 '그리스도만을 믿는 믿음을 버리라'고 대놓고 말하지 않습니다. 그렇게 말하면 우리는 곧바로 알아차리고 충격을 받기 때문입니다. 대신 그는 우리가 조금쯤은 '거룩한 감정'에 따라 걸어도 괜찮다고 은근히 속삭입니다. 이제 우리는 예전처럼 영적 유아가 아니고, 은혜에서 어느 정도 자랐으니 과거의 경험에 약간 의지해도 된다고 말합니다. 매일같이 그리스도를 붙잡을 필요는 없고, 회심 때 누렸던 은혜를 기반으로 하고, 부족하면 지금의 기도 생활, 현재의 경건한 상태, 혹은 주님의 일에서의 유익함으로 보충하면 되지 않겠느냐는 것입니다.

아첨꾼은 우리가 가장 거룩하게 된 때에도, 우리의 일상적 삶을 두고 여전히 눈물 흘릴 이유가 충분하다는 것을 잘 압니다. 예수님을 가장 닮은 사람조차도 그분과 완전히 같기에는 매우, 매우 멀리 떨어져 있다는 사실을 압니다. 우리의 성도됨을 자랑하기보다 죄인됨을 슬퍼해야 할 이유가 훨씬 더 많습니다. 우리는 주 예수 그리스도를 영접했듯이, 그 안에서 행해야 합니다. 여전히 우리는 그분의 공로에만 의지해야 합니다. 조금이라도 스스로 걸어가려 하기 시작하면, 곧 그 길은 눈치채지 못하는 사이에 율법주의로 우리를 이끌어가서, 비록 스스로

     제15장 아첨꾼을 조심하라

를 구원하려는 것은 아닐지라도 최소한 율법의 행위로 구원의 상태를 유지하려 애쓰게 만듭니다. 얼마 지나지 않아 이런 일을 하는 신자는 그물에 걸리게 됩니다. 그는 마치 지옥의 고통이 자신을 붙잡은 듯한 괴로움과 슬픔을 경험하게 됩니다.

새가 그물에 걸리면 이쪽저쪽으로 빠져나오려 애쓰지만, 결코 벗어나지 못하고, 오히려 더 단단히 얽히게 됩니다. 마찬가지로, 단순한 믿음을 버리고 자신의 행위나 감정, 경험에 의존해 살려는 영혼은 헛되이 위안을 구하려 하다가 더 얽매이게 됩니다. 그것은 율법의 종노릇입니다. 십계명은 그것을 어긴 죄인 주위에 휘감기기만 해도 무겁고 단단한 그물이 되기에 충분합니다. 예수 그리스도의 피를 떠나서, 각성된 양심에서 벗어날 수 있으리라 누가 소망할 수 있겠습니까? 바로 이렇게, 영혼 속에 거하는 아첨꾼이 '자기 의'를 의지해 주님을 떠나도록 유혹할 때, 그리스도인은 그물에 걸리게 됩니다. 루터는 이렇게 말하곤 했습니다. "검은 악마를 두려워하기보다 흰 악마를 두려워하라." '자기 의'라는 흰 악마는, 공개적인 죄라는 검은 악마보다도 그리스도인에게 훨씬 더 위험합니다. 드러난 죄가 우리를 유혹할 때, 우리는 그것이 죄임을 알기에 그것을 버리도록 도움을 받습니다. 그러나 흰 악마는 종종 빛의 천사로 보이기도 하며, 성화를 추구하거나 완전을 향해 나아간다는 명목으로 우리를 유혹하여 주님에 대한 어린아이 같은 신뢰를 버리게 만듭니다. 그 길 끝에는 그물이 있습니다.

그물은 이 밖에도 너무나 많아, 셀 엄두조차 나지 않습니다. 여러분, 갓 회심한 사람들은 누군가에게서 이렇게 말을 들을 수 있습니다. "당신이 회심했다니 반갑군요. 그런데 어느 교회에 출석합니까?" "아, ○○ 교회요." "그렇습니까! 그곳도 나쁘진 않지만, 거기서는 결코 배우지 못할 더 높은 진리가 있습니다. 우리 모임에 오셔서 예언을 어떻게 해석하는지 들어보십시오.” 이런 식으로, 예언의 진리를 가르쳐 주겠다는 명목 아래 그들을 전혀 다른 오류로 이끌어 갑니다.

또 어떤 사람들은 화려한 외형과 의식을 함께 감탄하자며 유혹합니다. 이렇게 하여 수많은 경솔한 이들이 의식주의나 로마 가톨릭으로 끌려갔습니다. 또 어떤 사람들은 “당신은 목사가 필요 없습니다”라고 말하며, 기쁨의 산에 있는 주님의 목자들을 깎아내리고, 모두가 모두를 가르치는 곳으로 가도록 부추깁니다. 그들은 자신들이 하나님의 백성이라고 주장하며, 결코 어떠한 ‘교파’가 아니라고 합니다. 그러나 실제로는 지금껏 존재한 그 어떤 교파보다도 만 배는 더 편협합니다.

여러분이 하나님께로 거듭난 곳, 그리스도 안에서 양육받은 곳, 주님의 일에서 유익하게 쓰임받고 신앙이 성장한 곳에서 멀어지게 만드는 모든 교리나 실천을 경계하시기 바랍니다. 일부 집단은 오직 다른 교회에서 성도를 빼앗아 오는 것으로만 유지됩니다. 그러나 참된 교회라면 세상에서 직접 영혼을 구원하는 것을 목표로 삼아야 합니다. 이런 아첨꾼들은, 여러분이 보통의 목회 사역을 받기에는 너무 영적이라고 부추깁니다. 그들의 말을 들으면, 여러분의 영혼에 곧 영적 메마름이 찾아올 것이며, 사람의 교리로 인해 예수 안에 있는 진리에서 멀어져 그물에 걸리게 됩니다.

저는 특히 우리 교회의 젊은 성도들에게, 성경의 절반만 붙드는 신앙을 경계하라고 경고하고 싶습니다. 하나님의 선택만을 주장하면서 인간의 책임은 무시하고, 고상한 교리만 설교하면서 그리스도인의 실천에 대해서는 거의 말하지 않는 사람들을 조심하십시오. 이것 또한

　　　　　　　제15장 아첨꾼을 조심하라

아첨꾼의 또 다른 그물입니다. 저는 여기에 걸린 사람들을 많이 보았습니다. 그들은 다른 영혼을 구하는 데 전혀 관심을 두지 않게 되었고, 어린아이들이 멸망하든 구원받든 상관하지 않게 되었으며, 그저 안일하게 살면서 좋은 것만 누리는 데 만족하게 되었습니다. 그들의 마음에는 잃어가는 영혼을 향한 눈물이 사라졌고, 죄인을 구원하는 일에 관심을 갖는 것을 오히려 건전하지 못한 신앙의 표시라고 생각하게 되었습니다.

여러분이 이런 그물에 빠져들어 수많은 슬픔에 찔리는 일이 없기를 하나님께 기도합니다. 오직 성경만을 바라보십시오. 모든 새로운 생각은 이 시금석으로 시험하십시오. "율법과 증거의 말씀으로 하라." 모든 아첨 섞인 생각에는 반드시 "주께서 말씀하셨다"라는 근거를 요구하십시오. 옛 책, 곧 성경이 우리의 무오한 인도자입니다.

"마침내 그들이 멀리서 다가오는 한 광채 나는 이를 보았는데, 그 손에는 가는 줄로 만든 채찍이 들려 있었다. 그는 그들이 있는 곳에 이르러, 어디서 왔으며 어찌하여 거기 있는지를 물었다. 그들은 자신들이 시온을 향해 가는 가난한 순례자들이었지만, 흰옷을 입은 검은 사람에게 속아서 길을 잘못 들게 되었다고 말했다. 그러자 채찍을 든 이가 말했다. '그는 아첨꾼이요, 자신을 빛의 천사로 가장한 거짓 사도요'(잠 29:5, 단 11:32, 고후 11:14-15). 그러고는 그 물을 찢어 그들을 풀어주었다. 그리고 '나를 따르시오, 당신들을 다시 길로 인도하겠소'라고 말했다. 그는 그들을 이끌어, 아첨꾼을 따라가느라 벗어났던 본래의 길로 다시 데려갔다. 그리고 물었다. '어젯밤은 어디서 묵었나요?' 그들이 대답했다. '기쁨의 산에서 목자들과 함께 묵었습니다.' 그러자 그가 물었다. '그 목자들에게서 길에 대한 안내문을 받지 않았나요?' 그들이 대답했다. '받았습니다.' '그렇다면,' 그가 말했다, '길을 몰라 서 있을 때 그 안내문을 꺼내 읽지 않았나요?' 그들이 대답했다. '네.' 그가 물었다. '왜 그러지 않았습니까?' 그들이 말했다. '잊어버렸습니다.' 또 그가 물었다. '그 목자들이 아첨꾼을 조심하라고 하지 않았나요?' 그들이 대답했다. '네, 그러나 그처럼 말 잘하는 사람이 바로 그 아첨꾼이라고는 생각하지 못했습니다'(롬 16:18).

그때 내가 꿈에 보니, 그가 그들에게 엎드리라고 명했다. 그들이 그대로 하자, 그는 그들을 심하게 징계하였는데, 이는 그들에게 마땅히 걸어야 할 바른 길을 가르치려 함이었다(신 25:2). 그는 징계하면서 말했다. '무릇 내가 사랑하는 자를 책망하여 징계하노니 그러므로 열심을 내라 회개하라'(계 3:19, 대하 6:26-27). 이 일이 끝나자, 그는 그들에게 계속 길을 가되 목자들이 준 다른 지침들도 잘 지키라고 했다. 그러자 그들은 그의 모든 은혜에 감사하고, 바른 길을 따라 조심스럽게 걸어가면서 이렇게 노래했다.

오라, 이 길을 가는 자여, 보라
길을 잘못 든 순례자들의 사정을
좋은 권고를 가볍게 여겼기에
그물에 걸리고 말았네
참으로 그들은 구출되었지만, 보라
채찍질도 함께 받았으니, 너희는 경계하라"

그리스도인이 자기 의의 그물에 빠지면, 주님께 속한 자이기에 반드시 구원받게 됩니다. 주님께서 그를 멸망하게 두지 않으시기 때문입니다. 그러나 그물을 찢어 건져내시는 광채 나는 이는 반드시 가는 줄로 만든 채찍을 가지고 오셔서, 그가 하나님과 겸손히 동행할 마음이 생길 때까지 거듭 징계하십니다.

안타깝게도 우리는 금방 교만한 태도와 높아진 눈빛을 갖게 됩니다. 다른 죄인들처럼 십자가 발치에 엎드릴 필요가 없다고 착각하기도 합니다. 실제로 어떤 이는 12개월 동안 죄 사함을 위한 기도를 하지 않았다고 말했습니다. 이미 여러 해 전에 죄 사함을 받았기 때문이라는 것이었습니다. 그러나 주님께서 우리에게 쓴 약을 먹이시고, 마라의 쓴 물을 마시게 하실 때, 우리는 베드로처럼 생각을 바꾸어 "주여, 내 발뿐 아니라 손과 머리도 씻어 주옵소서"라고 간구하게 됩니다. 그때 우리는 날마다 그 보배로운 피를 의지해야 함을 느끼고, 세리와 함께 서서 "하나님이여, 불쌍히 여기소서, 나는 죄인이로소이다"라고 고백할 준비가 됩니다.

우리는 낮아지도록 징계를 받아야 합니다. 시골의 한 믿음 좋은 노인이, 수년 전 밭에서 쟁기질하던 중 저에게 이렇게 말했습니다. "아, 스펄전 선생! 내가 땅에서 한 치만 높아져도, 그 한 치가 너무 높아서 반드시 다시 내려와야 합니다." 우리 역시 그러할 것입니다. 그리스도가 우리의 모든 것임을 인정하는 믿음을 굳게 붙들어야 합니다. 만일 아첨꾼이 우리를 잘못된 길로 이끈다면, 우리에게 화가 있을 것입니다.

이것은 어떤 교회에서 은혜를 받은 신자가 그곳에서 떠나도록 유혹을 받을 때도 마찬가지입니다. "제 집을 떠나 유리하는 새는 제 처소를 떠나 유리하는 사람과 같다"는 말씀처럼, 많은 이들이 심한 징계를 받고 다시 옛 교회로 돌아와, 옛날에 주님의 백성과 함께 누렸던 행복한 교제를 회복하며 기뻐하게 됩니다.

제16장
마법에 걸린 땅

하나님의 양 떼를 복잡한 신앙 체험의 미로 속에서 인도하는 영적 길잡이로서, 복음 전하는 목사의 의무는 하늘을 향한 순례 길의 모든 갈림길을 지적하고, 그 길에 있는 위험과 특권을 말해 주며, 특별히 위험한 형편에 있는 듯한 사람을 보면 경고하는 것입니다. 멸망의 도시로부터 천성으로 향하는 길 중에는, 아마도 그 어떤 구간보다도 더 많은 위험을 품은 구간이 있습니다. 그곳에는 사자들도 많지 않고, 용들도 없습니다. 어두운 숲이나 깊은 함정도 없습니다. 그러나 순례자 같은 이들이 그 구간에서 멸망한 수가 다른 어떤 곳보다도 많습니다. 심지어 뼈가 가득한 '의심의 성'조차도, 거기서 죽은 이들의 수를 이만큼 보여 주지 못합니다. 그 구간의 이름은 '마법에 걸린 땅'입니다. 존 번연은 그것을 이렇게 묘사했습니다.

"내가 꿈에 보니, 그들이 계속 가다가 어떤 나라에 이르렀는데, 그곳의 공기는 그곳으로 새로 들어오는 자를 졸리게 하는 성질이 있었다. 이때 소망이 매우 졸리게 되었으므로 크리스천에게 말했다.

소망 : 이제 너무 졸려서 거의 눈을 뜨고 있을 수가 없습니다. 여기

에 누워 잠깐 눈을 붙입시다.

크리스천 : 그럴 수 없습니다. 자다가 다시는 깨어나지 못할 수도 있거든요.

소망 : 왜 그러시오, 형제여. 수고한 사람에게 잠은 달콤한 법입니다. 잠깐 눈을 붙이면 다시 힘을 얻을 수 있을 겁니다.

크리스천 : 목자 중 한 사람이 우리에게 '마법에 걸린 땅'을 조심하라고 하지 않았습니까? 그 말은 우리가 잠드는 것을 조심하라는 것이었습니다. '그러므로 우리는 다른 이들과 같이 자지 말고 오직 깨어 정신을 차릴지라'(살전 5:6)."

아마 지금도 우리 중 많은 이가 이 평원을 지나고 있을 것입니다. 그리고 안타깝게도 오늘날 대부분의 교회가 이런 상태에 있는 것 같습니다. 그들은 '마법에 걸린 땅'의 정자, 곧 미지근함의 의자에 기대어 눕고 있습니다. 그들 안에 우리가 바라는 만큼의 열심과 활동성은 보이지 않습니다. 그들이 특별히 이단적인 것도 아니고, 박해라는 사자의 공격을 받은 것도 아닙니다. 그러나 그들은 게으름의 정자에서의 '부주의'와 '무모'처럼 잠들어 있습니다. 하나님께서 그분의 종들을 사용하셔서서 혼수 상태에 빠진 교회를 깨우고, 잠에서 일으켜 주셔서, 신앙 고백자들이 영원한 죽음의 잠에 빠지지 않게 하시기를 바랍니다.

잠든 그리스도인의 상태를 그려 보겠습니다. 사람이 잠들면 감각이 둔해집니다. 세상은 움직이고 있지만 그는 그것을 전혀 알지 못합니다. 창밖에서 파수꾼이 부르짖어도 듣지 못합니다. 이웃 거리에 불이 나거나, 이웃집이 잿더미가 되어도 그는 잠든 채 그 재난을 모릅니다.

자신이 사는 집 안에서 누군가 병들어도 깨어나지 않고, 그들이 죽을지라도 그를 위해 울지 않습니다. 거리에서 혁명이 일어나 왕이 왕관을 잃고 있어도, 잠든 자는 정치적 격변에 참여하지 않습니다. 가까이서 화산이 폭발해 생명이 위태로워도 두려움이 없습니다. 그는 깊이 잠들어 있어 무의식 상태입니다. 바람이 울부짖고, 하늘에 천둥이 치며, 번개가 창문을 스쳐 지나가도, 계속 잘 수 있는 그는 이런 모든 일에 무관심합니다. 가장 아름다운 음악이 거리에 울려 퍼져도 그는 잠들어 있어 그 달콤함을 꿈속에서나 어렴풋이 들을 뿐입니다. 가장 끔찍한 울음소리가 그의 귀를 울려도, 잠이 귀를 막아 듣지 못합니다. 설령 세상이 산산조각 나고, 만물이 무너져도, 그를 계속 잠들게 둔다면 그는 그것을 알아차리지 못합니다.

잠든 그리스도인이여, 당신의 상태를 그린 이번 장의 삽화를 보십시오. 혹시 스스로의 무감각함을 슬퍼한 적이 있지 않습니까? 느끼고 싶었지만, 느낄 수 없다는 고통만 느낀 적이 있지 않습니까? 기도하고 싶었지만, 그것은 단순히 기도하지 못하는 느낌이 아니라, 아무것도 느끼지 못하는 상태였을 때가 있지 않습니까? 예전에는 한숨을 쉬곤 했는데, 지금은 그 한숨을 다시 쉴 수 있다면 세상의 모든 것을 주고서라도 원할 것입니다. 예전에는 탄식하던 때가 있었는데, 지금은 어떤 대가를 치르더라도 그렇게 다시 탄식하고 싶을 것입니다.

세상 노래는 부를 수 있을지 모르지만, 마음은 거기에 함께하지 않습니다. 하나님의 집에 가더라도, 거룩한 날을 지키는 무리가 찬송의 물결을 하늘로 올려 보낼 때, 그 소리를 들을 수는 있지만 마음이 뛰지 않습니다. 기도가 저녁 제사 때의 향기로운 연기처럼 엄숙히 하나님의 보좌로 올라갈 때, 예전에는 함께 기도할 수 있었지만, 지금은

　　　　　　　　　　　제16장 마법에 걸린 땅

몸은 하나님의 집에 있어도 마음은 딴 곳에 있습니다. 형식주의자처럼 변해버린 자신을 느낍니다. 설교에 예전 같던 맛과 기름부음이 없다고 느끼지만, 목사가 변한 것은 아니라는 것을 압니다. 변한 것은 자기 자신입니다. 찬송도 기도도 그대로인데, 자신이 잠든 상태에 빠져 있는 것입니다.

한때는 누군가가 멸망한다는 생각만으로도 영혼이 쏟아져 나올 듯이 울 수 있었는데, 지금은 지옥의 문 앞에 앉아 그 절규를 들어도 마음이 움직이지 않습니다. 한때는 한 죄인을 잘못된 길에서 돌이키겠다는 생각만으로 한밤중에 벌떡 일어나, 추운 밤공기를 뚫고라도 달려갔을 것입니다. 그러나 지금은 수많은 사람들이 멸망해 간다는 이야기를 들어도, 그것은 낡고 낡은 이야기처럼 들립니다. 죄의 거센 물결에 수천, 수만 명이 휩쓸려 파멸의 낭떠러지로 향한다는 말을 들어도, 안타깝다는 표현을 하고 헌금을 내기는 하지만 마음 깊이 동요되지는 않습니다. 완전히 무감각해진 것은 아닐지라도, 지나치게 무감각해진 것을 인정하지 않을 수 없습니다. 깨어나고 싶지만, 스스로 잠들어 있는 상태를 느끼며 신음할 뿐입니다.

또한, 잠은 무행동의 상태입니다. 자는 사람은 일용할 양식을 벌지 못합니다. 침대에 누운 사람은 책을 쓰지도, 밭을 갈지도, 바다를 향해 하지도, 다른 어떤 일도 하지 않습니다. 맥박은 뛰고 있으니 살아 있긴 하지만, 활동에 있어서는 사실상 죽은 것이나 다름없습니다. 사랑하는 여러분, 이것이 바로 많은 성도의 상태입니다. 한때는 주일학교에서 어린아이들을 가르치는 것이 기쁨이었지만, 이제는 그 일을 그만두었습니다. 한때는 새벽 기도회에도 참석했지만, 이제는 가지 않습니다. 한때는 궂은일이라도 마다하지 않고 헌신했지만, 이제는 잠들어 있습니다.

이것이 단지 가능성 있는 이야기입니까? 거의 모든 곳에서 사실이 아니겠습니까? 교회들이 잠들어 있지 않습니까? 정말로 복음을 전하는 설교자는 어디에 있습니까? 에세이를 읽는 사람들은 있지만, 그것이 설교입니까? 청중을 20분간 웃기고 즐겁게 할 수 있는 사람들은 있지만, 그것이 설교입니까? 온 마음과 영혼을 쏟아 매 문장마다 심령을 담는 설교자들은 어디에 있습니까? 직업이 아니라 사명으로, 숨과 뼈의 골수와 영혼의 기쁨으로 설교하는 사람들은 어디에 있습니까? 횟필드와 웨슬리들은 어디에 있습니까? 하루에 세 번이라도 복음을 전하고, 그리스도의 측량할 수 없는 풍성함을 모든 곳에서 전하는 것을 두려워하지 않았던 롤랜드 힐 같은 사람들은 어디에 있습니까?

형제자매 여러분, 교회가 잠들어 있습니다. 단지 강단이 파수꾼 초소가 되어 파수꾼이 잠든 것이 아니라, 회중석 역시 영향을 받고 있습니다. 왜 기도회가 거의 모든 곳에서 외면받고 있습니까? 기도의 영, 경건의 생명이 어디에 있습니까? 그것이 거의 사라진 것은 아닙니까? 우리의 교회들이 "그 높은 지위에서 떨어지고, 또 떨어지고, 또 떨어졌다"고 말하지 않을 수 있습니까? 하나님께서 그들을 깨우시고, 더 열정적이고 기도하는 사람들을 보내 주시기를 바랍니다.

잠든 사람은 또한 불안전한 상태에 있습니다. 자고 있는 자는 살인자의 칼에 맞고, 한밤의 강도는 베개 위에 태평히 누운 자의 집을 털어 갑니다. 야엘은 자고 있는 시스라를 죽였고, 아비새는 잠든 사울의 곁에서 창을 빼앗았습니다. 유두고는 잠든 채 3층 창에서 떨어져 죽었고, 삼손은 자는 동안 머리카락이 잘려 블레셋 사람들에게 붙잡혔습니다. 잠든 자는 늘 위험에 노출되어 있습니다. 그는 원수의 공격을 막을 수 없고, 자기를 방어할 수도 없습니다.

그리스도인이여, 당신이 잠들어 있다면 위험한 상태에 있는 것입니다. 물론 당신의 생명은 그리스도와 함께 하나님 안에 감추어져 있으니 빼앗기지는 않을 것입니다. 그러나 믿음이 크게 약해질 수도 있으며, 입술을 적셔 줄 물병을 도둑맞을 수도 있습니다. 당신은 자기에게 다가오는 위험을 거의 알지 못합니다. 깨어나라, 잠자는 자여! 지금 불안 속에 누워 있는 자리에서 벌떡 일어나십시오. 이것은 야곱이 꾼 꿈속의 잠이 아닙니다. 하늘과 땅이 사다리로 연결되고 천사가 그 사다리를 오르내리는 그런 잠이 아닙니다. 오히려 지옥에서 사다리가 세워져 마귀들이 그 사다리를 타고 올라와 잠든 영혼을 붙잡는 잠입니다.

그리스도인이여, 내가 당신의 귀에 외치게 하십시오. 당신은 영혼들이 멸망하는 동안 잠들어 있고, 사람들이 지옥에 떨어지는 동안 잠들어 있으며, 지옥이 채워지는 동안 잠들어 있고, 그리스도가 모욕 당하는 동안 잠들어 있습니다. 마귀는 당신의 잠든 얼굴을 보고 비웃고 있습니다. 귀신들이 당신의 잠든 육신 주변에서 춤추며, 지옥에서 "그리스도인이 잠들어 있다"라고 떠들고 있습니다. 마귀가 결코 잠자지 않는 것을 아십시오. 그러니 마귀가 당신을 잠든 채 붙잡게 하지 마십시오. 깨어 근신하여 언제든지 맡겨진 일을 감당할 준비를 하십시오.

그리스도인이 가장 잠들기 쉬운 때는 형편이 모든 면에서 잘 풀리고 있을 때입니다. 보금자리가 포근할 때 가장 잘 잠이 듭니다. 침대에 가시덤불이 있다면 잘 일이 없습니다. 그러나 푹신한 침대 위에 누우면 "영혼아, 여러 해 쓸 물건을 많이 쌓아 두었으니 쉬고, 먹고, 마시고 즐거워하자"라고 말하기 쉽습니다. 여러분 중 일부에게 묻겠습니다. 혹시 이전에 더 경제적으로 어려웠을 때, 매 시간 하나님의 섭리를 의지하며, 문제를 기도의 자리로 가지고 갔을 때가 지금보다 더 깨어 있지 않았습니까?

끊임없이 흐르는 물에 의해 방앗간의 물레방아가 돌아가는 방앗간 주인은 잠이 들지만, 세게 불 때도 약하게 불 때도 있는 바람에 의지하는 방앗간 주인은 바람이 약해져 물레방아가 멈출까 봐 잠들지 않습니다. 평탄한 길은 우리를 잠들게 합니다. 폭풍 속에 잠드는 사람은 드물지만, 고요한 밤에는 많은 이가 잠듭니다.

왜 교회가 지금 잠들어 있습니까? 스미스필드가 화형대들로 가득 차 있다면, 성 바르톨로메오 축일의 종이 울린다면, 시칠리아의 만종이 내일 저녁에 울릴 수 있다면, 교회는 잠들지 않을 것입니다. 그러나 지금은 어떤 상태입니까? 사람마다 자기 포도나무와 무화과나무 아래 앉아 있고, 아무도 그를 두렵게 하지 않습니다. 살금살금 걸으십시오, 교회가 깊이 잠들어 있으니 말입니다.

또 다른 위험한 때는 영적 상황이 순조로울 때입니다. 크리스천은 길에 사자들이 있을 때나, 죽음의 강을 건널 때, 절망 거인의 성에 갇혔을 때, 아볼루온과 싸울 때는 잠든 적이 없습니다. 그때 그는 오히려 잠들 수 있기를 바랐습니다. 그러나 '어려움의 언덕'의 절반쯤 올라갔을 때, 그는 예쁜 정자를 발견하고 안으로 들어가 두루마리를 읽기 시작했습니다. 얼마나 잘 쉬었던지요! 신발을 벗고 지친 발을 문질렀습니다. 곧 입이 벌어지고 팔이 축 늘어졌으며, 깊이 잠들고 말았습니다. '마법에 걸린 땅' 역시 매우 평탄하고 부드러운 곳이어서 순례자들을 잠들게 만들기 쉬웠습니다.

　　　　　　　　　　　　　제16장 마법에 걸린 땅

"그 후 그들은 따뜻하고 순례자들에게 많은 쉼을 약속하는 한 정자에 도착했다. 그 정자는 위쪽이 아름답게 꾸며져 있었고, 푸른 장식으로 아름답게 단장되었으며, 벤치와 걸상이 갖춰져 있었다. 그 안에는 또한 피곤한 자가 기대어 쉴 수 있는 부드러운 침상이 있었다…이 정자의 이름은 '게으름쟁이의 친구'였으며, 피곤한 순례자가 그곳에서 머물도록 유혹하기 위해 일부러 그렇게 지어진 것이었다."

확실히, 사람은 평탄한 곳에서 눈을 감고 망각의 꿈나라로 들어가기 쉽습니다. 어스킨이 "나는 잠자는 마귀보다 으르렁거리는 마귀를 더 좋아한다"라고 말한 것은 참으로 좋은 표현입니다. 시험받지 않는 것보다 더 나쁜 시험은 없습니다. 괴로움에 눌린 영혼은 잠들지 않습니다. 그러나 우리가 확신과 평안 속에 들어갔을 때, 바로 그때가 졸기 쉬운 위험한 때입니다. 기쁨이 충만한 자여, 조심하십시오. 가장 높은 기쁨의 시기가 우리가 잠들기 쉬운 때입니다. 즐거운 그리스도인이여, 좋은 영적 상태는 매우 위험합니다. 그것이 종종 깊은 잠으로 우리를 이끕니다.

우리가 잠들기 가장 쉬운 때 중 하나는 여행의 끝에 다다랐을 때입니다. 순례자들의 길잡이가 크리스티아나에게 이렇게 말했습니다.

"이 '마법에 걸린 땅'은 순례자의 원수가 가진 마지막 피난처 중 하나이다. 그래서 네가 보듯이, 길의 거의 끝부분에 놓여 있어 우리를 더욱 불리하게 만든다. 원수는 이렇게 생각한다. '이 바보들이 언제 가장 앉아 쉬고 싶어할까? 피곤할 때다. 그리고 언제 가장 피곤할까? 여행의 끝에 거의 다다랐을 때다.' 그러므로 내가 말하거니와, '마법에 걸린 땅'이 뿔라 땅과 가까이, 그들의 경주의 끝과 가깝게 놓여 있는 것이다. 그러므로 순례자들은 스스로를 살펴, 너희가 보는 저 사람들처럼 잠들어 아무도 깨울 수 없는 신세가 되지 않도록 하라."

오랜 세월 은혜 안에 있었던 사람들이 특히 잠들 위험이 큽니다. 우리는 종교적 의무의 관습 속에 젖어, 하나님의 집에 가는 것이 당연하고, 교회에 속하는 것이 습관이 되며, 그 자체가 사람을 졸게 만듭니다. 늘 같은 길로 가면 졸기 쉽습니다. 모압이 평안해지고, 이 그릇에서 저 그릇으로 비워내지 않으면, 변화가 없으니 그는 계속 잠듭니다. 수년 동안 우리의 신앙길이 습관의 바퀴자국으로 파여 있으면, 고삐를 말 위에 던져 놓고 깊이 잠들기 쉽습니다.

그렇다면 마법에 걸린 땅을 지나며 깨어 있기 위해 무엇을 해야 합니까? 가장 좋은 방법 중 하나는 신앙의 동료와 함께하며, 주님의 도에 대해 대화하는 것입니다.

"**크리스천** : 이곳에서 졸음을 막기 위해, 우리 좋은 이야기를 나눕시다.

소망 : 좋습니다.

크리스천 : 어디서부터 시작할까요?

소망 : 하나님께서 우리와 함께 시작하신 데서부터 이야기하시지요."

하나님이 자신과 함께 시작하신 일을 말하는 것만큼 경건한 사람을 깨어 있게 하는 주제는 없습니다. 그리스도인들이 함께 대화할 때, 함께 잠드는 일은 없습니다. 혼자 고립되어 서 있는 그리스도인은 정자나 부드러운 의자에 누워 잠들기 쉽습니다. 그러나 옛날처럼 자주 대화하면 매우 유익합니다. 두 그리스도인이 주님의 도에 대해 함께 이야기할 때, 혼자일 때보다 훨씬 더 빠르게 하늘나라로 갑니다. 온 교회가 하나 되어 주님의 인자하심을 말할 때, 사랑하는 여러분, 깨어 있도록 하는 방법 중에 이것보다 나은 길은 없습니다.

제17장
'두려워하는 씨'가 걸어간 길

여러분 중 어떤 분은 '두려워하는 씨(Mr. Fearing)'를 아주 잘 알 것입니다. 왜냐하면 그는 여러분의 집에 살았거나, 어쩌면 아주 가까운 친척일 수도 있기 때문입니다. 번연은, 잘 훈련되고 은혜에 강한 그리스도의 사역자를 나타내는 '위대한 마음 씨(Mr. Greatheart)'가, 나이 지긋하고 경험이 풍부하며 신중한 그리스도인을 나타내는 '경건한 아비'와 함께 길을 걸을 때 있었던 일을 이렇게 기록합니다.

"길잡이가 노인에게 물었다. '당신 고향에서 순례길에 나선 '두려워하는 씨'를 아십니까?'
'예, 아주 잘 압니다.' 그가 말했다. '그는 그 안에 진리의 뿌리를 가진 사람이었지만, 내 평생 만난 순례자 중 가장 다루기 힘든 사람이었습니다.'"

이것은 하늘 가는 길을 걷는 많은 사람에 대한 정확한 묘사입니다. 그들의 진실함은 확실하여 아무도 의심하지 못하지만, "너무 예민"합니다. 더 정확히 말하면, "너무 의심 많고, 불신이 많고, 경계심이 강하고, 의심과 두려움에 짓눌려 있는" 사람들입니다. 그러니 그들이 "가장 다루기 힘든 순례자들" 중 하나인 것이 전혀 이상하지 않습니다. 번연은 '두려워하는 씨'에 대해 이어서 이렇게 대화를 기록합니다.

"**위대한 마음 씨** : 당신은 그를 잘 아시는군요. 그의 성격을 아주 정확하게 말씀하셨습니다.

경건한 아비 : 그를 알기만 하겠어요! 그는 저의 절친한 길동무였습니다. 그는 장차 우리에게 닥칠 일을 처음 생각하기 시작했을 때부터 거의 내내 저와 함께 있었습니다.

위대한 마음 씨 : 저는 그를 제 주인의 집에서부터 천성의 문까지 인도했습니다.

경건한 아비 : 그렇다면 그가 다루기 힘든 사람이었다는 걸 아시겠군요.

위대한 마음 씨 : 그랬습니다. 그러나 저는 충분히 감당할 수 있었습니다. 제 부류의 사람들은 종종 그와 같은 이들을 인도하는 일을 맡기 때문입니다."

그리스도의 사역자는 두려움이 많은 자를 '가장 힘든 사람'으로만 생각해서는 안 됩니다. 그의 사명은 연약한 자를 돕고, 그들을 고통에서 건져내는 것이므로, 오히려 그런 연약한 마음을 찾아내어 주님의 이름으로 선을 베풀기를 기뻐해야 합니다.

"**경건한 아비** : 그렇다면 그에 대해 조금 말씀해 주십시오. 당신의 인도를 받으며 그는 어떻게 했습니까?

이것은 많은 사람을 괴롭히는 큰 두려움입니다. 즉, 결국 자신이 버림받는 자가 되지는 않을까, 위선자로 드러나지는 않을까, 은혜에서 떨어지지는 않을까, 감당할 수 없는 시험에 빠지지는 않을까, 어느 악한 순간에 성령 하나님께 버림받거나 주 예수께서 떠나셔서 큰 죄를 짓고 결국 멸망하지는 않을까 하는 두려움입니다. 이런 두려움은 수만 명의 사람을 붙잡고 있습니다.

"그는 다른 사람의 말에서 자신의 영원한 안전에 대해 조금이라도 반대되는 기미가 보이면, 그것이 무엇이든 다 두려워했습니다."

우리는 지금도 이런 부류의 사람들을 만납니다. 그들에게 그리스도인의 삶에 따르는 슬픔에 대해 이야기하면, 그들은 "우리는 결코 그런 것을 감당할 수 없을 거예요"라고 말합니다. 영적 싸움에 대해 말하면, "우리가 하늘까지 싸워서 갈 수 있을 리가 없어요"라고 대답합니다. 누군가가 믿음에서 떨어졌다는 소식을 들으면, "그게 바로 우리에게 일어날 일이에요. 우리는 틀림없이 그렇게 될 거예요"라고 말합니다. 이런 사람들을 만나 본 적이 있다면, 그들을 묘사하는 것이 얼마나 어려운지 아실 것입니다. 그들은 너무 침울해서, 대낮에도 햇빛이 어두워진 듯한 느낌을 주기 때문입니다.

가엾은 영혼입니다! 번연의 표현대로, 그는 그곳에서 "신음하며" 지냈습니다. 곧, 한숨짓고 울며, 자신을 한탄했습니다. 용기를 내어 건너지 못하고, 한 달이나 그곳에 머물렀습니다. 다른 사람들이 와서 무사히 건너가고, 손을 내밀어 도와주려 했지만 소용이 없었습니다. 이런 낙담한 이들을 돕고자 한다면, 그들을 제대로 다룰 수 있는 지혜가 반드시 필요합니다. 왜냐하면 그들은 매우 연약하면서도, 놀랍게도 고집이 세기 때문입니다. 어린아이처럼 무기력하면서도, 때로는 장정처럼 의지가 완강하여, 아무리 두려움을 몰아내려 해도 그것을 붙들고 놓지 않습니다. 저는 가끔 이런 사람들을 찾으러 나선 적이 있습니다. 한 구덩이에서 그들을 끌어냈다고 생각하면, 그들은 또 다른 구덩이로 기어들어 갔습니다. "이번에는 확실히 잡았다. 이번에는 네 의심을 끝장내겠다"라고 생각하면, 그들은 전혀 다른 방향에서 다시 나타납니다. 그들은 자신에 대해 의심할 이유를 새로 만들어 내는 데 천부적인 재주가 있는 것처럼 보입니다. 다른 모든 사람이 그들에게서 무언가 좋은 점을 보아도, 그들은 "아첨하지 마세요. 우리를 속이려 하지 마세요"라고 말합니다.

아, 그것이야말로 가장 좋은 점입니다! '두려워하는 씨'는 결코 뒤로 돌아가지 않습니다. 어떤 사람들은 처음에 큰소리치며 출발하지만, 전투가 벌어지면 뒤돌아섭니다. 그러나 '두려워하는 씨'는 매우 느리지만 확실합니다. 그는 돌아가지 않습니다. 거기에는 희망이 없다는 것을 알기 때문에, 반쯤은 감히 나아가지 못하더라도 조금이라도 앞으로 가려 합니다.

"그는 '천성에 가지 못하면 나는 죽을 것이다'라고 말했고, 그럼에도 어려움마다 의기소침해지고, 누군가 길에 던진 작은 짚단 하나에도 걸려 넘어졌습니다. 그는 절망의 늪에서 오랫동안 지내다가, 어느 화창한 아침, 어떻게 된 일인지 용기를 내어 건넜습니다. 그러나 건넌 후에도 그는 그것을 좀처럼 믿으려 하지 않았습니다."

정말 그다운 모습입니다! 어떤 달콤한 약속이 그의 영혼을 비추고, 하나님의 영께서 위로의 날개를 달고 비둘기처럼 찾아오실 때, 그는 드물게나마 자기로서는 특별할 만큼 강하게 느낍니다. 그때 그는 용기를 내어 단번에 그 어려움을 헤쳐 나가지만, 정작 건넜다고 거의 믿지를 못합니다. 그는 이제 곧 다시 가라앉을 것이라고 확신합니다. '두려워하는 씨'가 절망의 늪을 빠져나왔을 때도, 어떻게 그렇게 되었는지 이해하지 못했습니다. 그토록 보잘것없는 죄인을 거기서 건져내신 것은 전적으로 놀라운 은혜였습니다. 그러나 그는 자신이 너무나도 무가치하다고 느껴, 그때조차 버림받을 것이라고 생각했습니다. 그는 마음속 깊이 절망의 늪을 빠져나왔다는 사실을 거의 믿지 못했

    제17장 '두려워하는 씨'가 걸어간 길

습니다. 사도 베드로가 감옥의 철문이 저절로 열리고 거리로 나왔을 때, "주님의 사자가 행한 것이 참인 줄 알지 못하고 환상을 보는 줄 생각하였다"는 말이 있듯이, '두려워하는 씨'가 위로의 빛을 잠깐 받는 순간에도, 그는 그것이 너무 좋아서 진짜일 리 없다고 생각하는 것입니다.

"내 생각에, 그는 마음속에 절망의 늪을 갖고 있었으니, 그것을 어디든지 가지고 다녔으며, 그렇지 않고서야 그가 그처럼 될 수는 없었을 것이다. 그는 마침내 길머리에 서 있는 그 문에 이르렀다. 그리고 거기에서도 두드릴 엄두를 내기 전에 꽤 오랫동안 서 있었다."

그는 기도할 용기를 내지 못했습니다. 영적 생활의 가장 첫 단계에서부터 두려움에 압도되었습니다. 자비의 문을 두드리고, 은혜의 수단을 사용하며, 그리스도를 찾고자 하는 마음은 있었지만, 두려움이 그의 손을 멈추게 하고 입술을 봉했습니다.

"문이 열리면, 그는 물러서서 다른 사람들에게 길을 양보하며 자신은 합당하지 않다고 말했다."

다른 사람들은 들어가고 성공할 수 있지만, 그는 자신이 전혀 합당하지 않다고 여겼습니다. 사실 그 불쌍한 영혼의 판단은 옳았습니다. 그는 결코 합당하지 않았습니다. 그러나 아무도 합당한 자격으로 문을 두드리는 것이 아닙니다. 우리가 구제를 베풀 때는 합당한 자에게 주기를 원하지만, 주 예수 그리스도께서는 그분의 자비에 합당한 사람을 한 번도 만나신 적이 없기에, 오히려 자신이 필요하다고 고백하는 자격 없는 자에게 그것을 주십니다.

“그가 다른 이들보다 먼저 문에 도착했음에도, 많은 이들이 그보다 먼저 들어갔다. 그 불쌍한 사람은 그곳에 서서 떨고 움츠렸다. 그를 본다면 참으로 가엾게 여겼을 것이다. 그러나 그는 뒤로 물러가지 않았다.”

그는 여전히 기도하기를 두려워했고, 하나님께서 자신의 기도를 들으실 것이라고는 생각하지 못했습니다. 하지만 기도할 수 없다면 신음하고 울었습니다. 그럼에도 불구하고 그는 결코 뒤로 물러서지 않았습니다. 은혜의 수단에 아무런 위로가 없다고 여겼지만, 여전히 그것들을 포기하지 않았습니다. 기도회에서 위로를 얻지 못해도 그는 참석했고, 설교가 자신 같은 사람에게 해당되지 않는다고 생각해도 여전히 들었습니다. 아, 주님께서 이처럼 우울하고 마음이 연약한 자들에게 주시는 이 묘한 이끌림은, 그들을 자기 뜻과 상관없이 그리스도께로 이끌어옵니다. 그것은 절망 속의 소망이거나, 소망 속의 절망이라 할 만한 부르심입니다.

“마침내 그는 문에 걸려 있던 망치를 손에 들고, 톡톡 두 번 정도만 가볍게 두드렸다.”

그는 그 이상은 감히 하지 못했습니다. 그저 “톡톡” 두 번 두드린

    제17장 ‘두려워하는 씨’가 걸어간 길

것입니다. 마치 이렇게 말하듯이요—"하나님, 죄인인 저를 불쌍히 여기소서!" 혹은 "주여, 저를 구원하소서!"

"그러자 누군가 그에게 열어 주었다."

주님께서는 모든 사람에게 똑같이 두드리게 하지 않으십니다. 강한 자는 문이 열리기까지 오래 두드려야 할 수도 있지만, 연약한 자에게는 첫 두드림에 문이 열립니다. 번연은 《솔로몬 성전의 영적 의미》에서 성전 문짝이 달린 기둥이 "기름진 감람나무"로 되어 있어, 경첩이 항상 잘 기름칠되어 있었기에, 어떤 가련한 영혼이 문에 이르면 즉시 활짝 열렸다고 말했습니다.

"문이 열리자 그는 전과 같이 뒤로 물러섰다. 그러자 그 문을 열어 준 이가 나와 말하였다. '떨고 있는 자여, 너는 무엇을 원하느냐?' 그러자 그는 땅에 엎드러졌다. 그가 그렇게 기운이 없는 것을 보고 그 사람은 이상히 여겼다. 그래서 그가 말했다. '네게 평강이 있을 지어다. 일어나라. 내가 네게 문을 열어 주었느니라. 들어오라. 너는 복 받은 자로다.' 그 말을 듣고 그는 벌떡 일어나 떨면서 들어갔으며, 들어가서는 얼굴을 보이는 것을 부끄러워했다."

이 떨고 있는 자들이 바로 그렇습니다. 그들이 어떤 위로와 기쁨을 얻게 되면, 얼굴을 드러내기를 부끄러워합니다. 사람들의 눈에 띄지 않는 어두운 곳, 조용한 구석에 앉아 있는 것을 더 좋아합니다.

제18장
'두려워하는 씨'의 여정 (결론)

"그가 그곳에서 얼마 동안 대접을 받은 후, 당신도 알다시피 관례에 따라, 길을 계속 가라는 말과 함께 가야 할 길을 안내받았다. 그리고는 우리 집에 이르렀다. 그러나 그가 문에서 행동한 것과 똑같이, 주인 되신 해석자의 문에서도 그렇게 했다. 그는 감히 부르기를 시도하기 전에 한동안 그 근처에서 추위를 견디며 머물렀다. 하지만 뒤로 물러가지는 않았다. 그때는 밤이 길고 추울 때였다."

이것은 한 걸음 더 나아간 모습입니다. 그는 여전히 그리스도를 찾고 있었지만, 이제 성령의 가르침을 조금 받았고 복음에 대해서도 조금 이해하기 시작한 상태였습니다. 그러나 늘 그 좋은 말이 따라옵니다—"그는 뒤로 물러가지 않았다." 그는 하나님의 말씀의 진리를 자신의 것으로 받아들이거나, 그로부터 작은 위로를 취하는 것조차 두려워했습니다. 그럼에도 불구하고 그는 뒤로 물러가지 않았습니다. 들어가지 못하더라도 문 앞에 머물렀습니다. 그리스도의 귀한 약속을 한 번 붙잡은 가난한 구도자가 보여 주는 이 집요한 붙듦은 참으로 놀럽습니다.

> "그는 나의 주인에게 제시할 청원서를 품속에 가지고 있었다. 그 청원서에는 그를 받아들이고 그 집의 위로를 허락하고, 너무나 겁 많은 그에게 담대하고 용감한 안내자를 붙여 달라는 글이 적혀 있었다. 하지만, 그럼에도 불구하고 그는 문을 두드리는 것을 두려워했다."

여기서 번연이 말하는 것은, 이 불쌍한 사람이 성령 하나님 앞에 특별하고 구체적인 청원을 가지고 있었는데, 그것은 성숙한 그리스도인을 붙여 주사 자신을 천국 길로 인도해 달라는 것이었습니다. 그러나 그럼에도 불구하고 그는 목사에게 말을 걸 용기를 내지 못했습니다. 그는 그를 바라보는 것조차 자신이 합당하지 않다고 느꼈습니다.

> "그래서 그는 그 근처를 오르내리며 지냈고, 거의 굶주릴 지경에 이르렀다. 그의 낙심은 너무 커서, 몇몇 사람이 문을 두드려 안으로 들어가는 것을 보고도 감히 시도하지 못했다. 마침내 내가 창문 밖을 보다가, 문 근처를 서성이는 사람이 누구인지 물었다. 그러나 불쌍한 사람 같으니! 그의 눈에는 눈물이 고여 있었다. 그것을 보고 나는 그가 무엇을 원하는지 알게 되었다."

그러므로 그리스도를 사랑하고 새 신자를 가르칠 수 있는 능력이 있는 사람이라면, 스스로 다가오기를 두려워하는 사람들을 찾아가야 합니다. 주일마다, 혹은 성경공부나 예배 자리에서 그런 사람들을 볼 수 있습니다. 그들은 누군가 자신에게 말을 걸어 주기를 원할 때가 있습니다. 성령께서 여러분의 눈을 밝히시면, 그런 사람들을 알아보고 다가가야 합니다.

"그래서 나는 집 안으로 들어가 그 사실을 주님께 알렸다."

이것이 옳은 방법입니다. 만일 우리가 그들을 직접 도울 수 없다면, 주님께 그들의 형편을 아뢰어야 합니다. 그분이 그들을 위해 마련하신 위로를 스스로 누리지 못하는 낙심한 자들을 위해 기도해야 합니다.

"그래서 주님은 나를 다시 보내셔서 그를 데리고 들어오도록 하셨다. 그러나 나는 그 일을 해내기가 쉽지 않았다. 마침내 그가 들어왔다. 내 주님께서는 그에게 정말 사랑스럽게 대해 주셨다. 식탁 위에 몇 안 되는 좋은 음식이 있었는데, 그 중 일부를 그의 접시에 올려 주셨다. 그러자 그는 품고 있던 청원서를 드렸고, 주님은 그것을 보시고 그의 소원이 이루어질 것이라고 말씀하셨다."

아! 이 가난한 영혼이 정말로 자신을 위한 참된 위로가 무엇인지 깨닫게 될 때, 마치 하나님의 말씀 중 가장 좋은 것들이 바로 가장 연약한 성도를 위해 마련된 듯 보입니다. 주님께서 마치 특별히 긍휼의 방법을 예비하시어, 상하고 부서진 마음을 가진 자를 위해 상상할 수 있는 가장 귀한 말씀을 써 주신 것처럼 느껴지는 순간입니다.

　　　　　　　　　제18장 '두려워하는 씨'의 여정

"그래서 그가 거기에 한동안 머무른 뒤에야, 그는 조금 용기를 내고 마음이 한결 가벼워진 듯 보였다. 왜냐하면 알아두어야 할 것은, 나의 주님께서는 특히 두려워하는 이들에게 매우 자비로운 마음을 가지신 분이기 때문이다. 그러므로 주님께서는 그를 가장 격려할 수 있는 방식으로 대하셨다. 자, 그가 그곳의 것들을 보고 나서 성을 향해 여정을 떠나려 할 때, 나의 주님께서는 전에 크리스천에게 하셨던 것처럼 그에게도 영혼의 힘을 북돋는 포도주 한 병과 먹을 것을 주셨다. 이렇게 우리는 길을 나섰고, 나는 그보다 앞서 걸었다. 그러나 그는 말수가 적었고, 다만 크게 한숨을 내쉬곤 했다."

이는 '위대한 마음 씨'에게 매우 섬세한 사명이었습니다. 그러나 이것은 많은 경건한 아비들이 맡게 되는 사명이기도 합니다. 그는 결코 그것을 피해서는 안 되며, 설령 그 연약한 사람에게서 아무 가르침도 얻지 못하더라도, 우리는 항상 받기만 하는 것이 아니라 때로는 주어야 한다는 것을 기억해야 합니다.

"우리가 세 사람이 교수형에 처해진 곳에 이르자, 그는 그것이 자신의 종말일 것이라고 의심하였다."

물론, 그는 그런 장면을 보고 나서 언젠가 자신도 같은 처지가 될까 두려워하지 않을 수 없었습니다. 교회 심사나 징계가 있을 때마다 가련한 '두려워하는 씨'는 "아, 언젠가 나도 저렇게 될 거야."라고 말합니다. 그는 가룟 유다와 데마에 관해 읽을 때마다 "아, 저것이 반드시 나의 운명일 거야."라고 말합니다.

"다만 그는 십자가와 무덤을 보았을 때는 기뻐하는 듯 보였다. 거기서 잠시 머물기를 원했고, 그 후 한동안은 조금 기운이 나는 듯 하였다."

그렇습니다, 만일 그가 거기서 기뻐하지 못한다면 어디에서 기뻐할 수 있겠습니까? 선한 사람이 십자가 발치에서 용기를 내지 못한다면, 어디에서 마음을 북돋울 수 있겠습니까? 번연이 그리스도의 십자가가 가장 절망적인 영혼에게 주는 위로의 힘을 세심하게 묘사한 것은 참으로 즐거운 일입니다.

"달콤한 순간, 복이 넘치네.
그것은 십자가 앞에 머물 때"

"우리가 '어려움의 언덕'에 이르렀을 때, 그는 거기서 지체하지 않았고 사자들도 크게 두려워하지 않았다. 왜냐하면 그는 그런 것들에 관해 근심한 것이 아니었기 때문이다. 그의 두려움은 마지막에 자신이 받아들여질지 여부였다."

놀라운 사실은, 이런 소심한 자들이 종종 다른 사람들이 두려워하는 것을 두려워하지 않는다는 점입니다. 고난은 그들을 괴롭히지 못합니다. 그들은 거의 불 속에서 타는 것도 견딜 수 있을 것 같습니다. 그들은 순교를 두려워하지 않지만, 죄와 자기 자신을 두려워합니다.

　　　　　　　　　　　　제18장 '두려워하는 씨'의 여정

이는 매우 건강한 두려움이지만, 그리스도를 향한 건강한 믿음과 결합되지 않으면 매우 비참한 것이 됩니다.

"나는 그를 거의 억지로 '아름다운 집'에 들였다."

즉, 그를 기독교 공동체 안으로 들어오게 한 것입니다. '위대한 마음 씨'는 그를 격려하여 교회 직분자들을 만나게 하고, 그가 거의 자신도 모르는 사이에 교회에 가입하도록 이끌었습니다.

"또한 그가 들어오자, 나는 그를 그곳에 있던 아가씨들과 알게 했다. 그러나 그는 사람들과 어울리기를 부끄러워하였다. 그는 혼자 있기를 더 원했지만, 늘 좋은 대화를 좋아했고, 종종 막 뒤에 숨어서 사람들이 나누는 대화를 듣곤 했다."

이것이 바로 많은 신자들이 교회에 가입한 후 가지는 마음 상태입니다. 그들은 수줍어하며, 결코 자신을 드러내려고 하지 않습니다. 오히려 주제넘거나 나선다는 평을 듣느니 많은 것을 잃는 편을 택합니다.

"그는 또 옛것을 보는 것을 매우 좋아했고, 그것을 마음속에 곰곰이 생각하곤 하였다."

저는 그가 영원한 사랑이라는 귀한 교리를 사랑했다는 것을 알고 있습니다.

"그는 나중에 나에게, 자신이 마지막에 거쳐 온 두 집, 곧 문과 해석자의 집에 있기를 좋아했으나, 감히 그렇게 해달라고 대놓고 부탁할 용기가 없었다고 말했다.

또한 우리가 '아름다운 집'에서 내려와 언덕 아래로, '겸손의 골짜기'로 들어갈 때, 그는 내 생애에서 본 어떤 사람보다도 훌륭하게 내려갔다. 그는 마지막에 행복하기만 하다면 자신이 아무리 보잘것없어도 상관하지 않았다. 그렇다, 나는 이 골짜기와 그 사람 사이에 일종의 교감이 있었다고 생각한다. 그는 그의 순례 여정에서 이 골짜기에 있을 때만큼 더 나은 상태이었던 적이 없었다. 그는 이 골짜기에 누워 땅을 껴안고, 이 골짜기에 피어 있는 꽃들에 입 맞추곤 하였다(애 3:27-29). 그는 이제 매일 새벽에 일어나, 이 골짜기를 이리저리 거닐며 다녔다."

겸손은 그에게 꼭 맞았습니다. 그는 그늘에서도 잘 자랄 수 있는 식물이었습니다. 아무리 그를 낮추어도 괜찮았는데, 그것이 바로 그의 본성이었기 때문입니다. 그는 자신의 무가치함을 느끼고 낮아지는 것을 좋아했는데, 그때 자신이 안전하다고 느꼈습니다. 보시다시피, '두려워하는 씨'에게도 조용하고 평화롭고 행복한 시간이 있습니다. 그는 이렇게 노래할 수 있습니다. "여호와는 나의 목자시니 내가 부족함이 없으리로다. 그가 나를 푸른 초장에 누이시며 쉴 만한 물가로 인도하시는도다." 이는 매우 행복한 상태입니다. 본래는 두려움이 많은 성격이지만, 너무나 낮아져서 아무 두려움도 없는 상태입니다. 자신의 연약함을 깊이 자각하여 전적으로 더 높은 힘에 의지하기 때문에, 두려워할 이유가 전혀 없는 상태입니다.

      제18장 '두려워하는 씨'의 여정

"그러나 그가 '사망의 음침한 골짜기' 입구에 다다랐을 때, 나는 그를 잃어버릴 것 같았다. 결코 그에게 뒤로 돌아가려는 마음이 있었던 것은 아니었다. 그는 언제나 그것을 혐오하였다. 그러나 그는 두려움으로 인해 거의 죽을 지경이었다. '오! 도깨비들이 나를 잡을 거야! 도깨비들이 나를 잡을 거야!'라고 그는 외쳤다. 나는 그 생각을 떨쳐내게 할 수 없었다. 그는 이곳에서 너무 큰 소리로 울부짖었는데, 만일 그들이 그 소리를 들었다면, 우리에게 달려들도록 부추기는 데 충분했을 것이다.

그러나 내가 크게 주목한 것이 있다. 그가 이 골짜기를 지나갈 때, 이곳은 내가 이전이나 이후에 알던 때와 마찬가지로 아주 조용했다. 나는 이곳의 적들이 주님으로부터 특별히 간섭하지 말라는 명령을 받아, '두려워하는 씨'가 건너갈 때까지 건드리지 못했다고 생각한다."

번연은 여기서 '두려워하는 씨'가 아무 근거도 없이 품는 우스꽝스러운 두려움을 재치 있고 간결하게 묘사합니다. 그는 자기 상상 속에서 "도깨비들"을 만들어 놓고는 "그들이 나를 잡을 거야!"라고 외칩니다. 그는 이 일로 인해, 혹은 저 일로 인해 넘어질 것이라고 생각하거나, 하나님께서 자신을 버리실 것이라고 생각합니다. 아, 이런 두려움을 품는 것은 어리석은 일입니다. 그러나 평생 이런 생각에서 벗어나지 못하는 연약한 사람들도 많습니다.

"모든 것을 다 말하자면 너무 길 것이다. 그러므로 한두 가지 일만 더 말하겠다. 그가 '허영의 시장'에 이르렀을 때, 그는 그곳의 모든 사람들과 싸울 것만 같았다. 그가 그들의 어리석은 짓거리에 너무 격분한 나머지, 나는 우리 둘 다 그 자리에서 맞아 죽을까 봐 두려웠다."

'두려워하는 씨'는 마지막에 자신이 안전하지 않을 것을 두려워했을 뿐, 그리스도의 십자가의 원수들을 대할 때는 대담한 사람이었습니다. 구원에 대한 두려움과 대적 앞에서의 용기가 동시에 있는 것은 특별한 일입니다. 그는 자신이 구원받지 못할까 봐 떨면서도, 대적을 향해 좌우로 치고 나갔습니다. 그 "어리석은 짓거리"가 무엇인지는 여러분도 압니다. 옛 로마의 어리석음이 있었고, '두려워하는 씨'는 그것을 참을 수 없어 모두 부숴버리고 싶어 했습니다.

"'마법에 걸린 땅'에 이르렀을 때에도 그는 매우 깨어 있었다."

강한 믿음조차도 거기에서는 거의 잠이 들기도 합니다. 우리는 자만하기 쉽습니다. 많은 위로를 누리는 우리는 모든 것이 잘 되고 있다고 생각합니다. 그러나 우리는 깨어 있어야 합니다. 저는 여러분이 그리스도 안에서 자기 몫이 있다고 확신하면서 지옥에 가는 것보다, 그리스도 안에서 자기 몫을 의심하면서 천국에 가는 편이 훨씬 낫다고 생각합니다. 항상 의심하는 것은 슬프고 죄된 일이지만, 여전히 살아 있으나 죽은 것처럼 사는 것보다는 무한히 나은 일입니다.

"그러나 다리가 없는 강가에 이르렀을 때, 그는 다시 심히 괴로운 처지가 되었다. 이제, 이제 그는 영원히 물에 빠져 죽을 것이며,

그렇게 많은 길을 걸어와 바라보려 했던 그 얼굴을 결코 기쁨으로 볼 수 없을 것이라고 말했다.

그리고 나는 여기에서도 매우 놀라운 점을 보았다. 내가 평생 본 바로는, 그때 그 강물은 지금보다 더 낮았던 적이 없었다. 그래서 그는 마지막에 거의 신발이 젖을 정도로만 물에 잠겨 강을 건넜다. 그가 성문 쪽으로 올라가고 있을 때, 나는 그에게 작별을 고하고, 위에서 그가 환영받기를 기원했다. 그러자 그는 '그럴 것이오, 그럴 것이오'라고 말했다. 우리는 그렇게 헤어졌고, 나는 그를 다시 보지 못했다."

그는 죽음을 두려워한 것이 아니라, 그렇게 사랑했던 분, 그러나 혹시라도 자신을 거절하실지도 모른다고 거의 확신했던 그분의 얼굴을 보지 못할까봐 두려워한 것이었습니다. 그러나 여기에서도 우리는 하나님의 풍성한 자비를 봅니다. '두려워하는 씨'는 깊은 물속에 가라앉지 않았고, 오히려 쉽게 죽음을 맞이하여 강을 "거의 신발만 젖을 정도로" 건넜으며, 그의 마지막 말은 "그럴 것이오, 그럴 것이오"였습니다. 그렇습니다, 두려워하는 씨, 당신은 그렇게 될 것입니다. 당신은 때때로 그렇게 되지 않을 것이라고 말하지만, 그것은 당신의 불신앙일 뿐입니다. 그렇게 될 것입니다. 왜냐하면 주께서 "내게 오는 자를 내가 결코 내쫓지 아니하리라"라고 말씀하셨기 때문입니다.

제19장
'마음이 약한 씨'와 '절름발이 씨'

순례자들이 가이오의 집에 머무는 동안, '위대한 마음 씨'와 동행자들은 '절망 거인'의 소굴로 나아갔습니다.

"그들이 그곳에 이르렀을 때, 그들은 거인이 '마음이 약한 씨'를 손에 붙잡고 있는 것을 발견하였다. 그의 종들이 길에서 그를 붙잡아 거인에게 데려간 것이었다. 이제 거인은 그를 뒤지고 있었는데, 그 후에 그의 뼈를 발라 먹으려는 심산이었다. 왜냐하면 그는 본래 사람 고기를 먹는 족속이었기 때문이다."

'마음이 약한 씨'는 거인의 손에서 구출되었고, 거인은 죽임을 당했습니다. 가련한 '마음이 약한 씨'여! 그가 자기 자신에 대해 말한 것을 읽어봅시다.

"나는 보다시피 병약한 사람이다. 그리고 죽음이 하루에 한 번씩 내 문을 두드리곤 했기 때문에, 집에 머물러서는 결코 나아질 수 없다고 생각했다. 그래서 나는 순례자의 삶을 택했고, 내가 태어나고 아버지도 태어난 '불확실'이라는 마을에서 이곳까지 여행해 왔다. 나는 육체에도, 마음에도 전혀 힘이 없는 사람이다. 그러나 기어갈 수밖에 없더라도 순례자의 길에서 내 생애를 보내고 싶었다. 내가 길머리의 문에 이르렀을 때, 그곳의 주님께서는 나를 기꺼이 맞이하셨다. 그분은 내 병약한 모습이나 약한 마음을 문제 삼지 않으셨고, 여행에 필요한 것들을 주시며 끝까지 소망하라고 하셨다. '해석자의 집'에 이르렀을 때, 나는 거기서 많은 친절을 받았다. 그리고 '어려움의 언덕'이 나에게는 너무 어렵다고 판단되어, 그분의 종 중 한 명이 나를 업고 올라갔다. 사실 나는 순례자들에게서 많은 도움을 받았다. 아무도 나처럼 천천히 가기를 원하지는 않았지만, 그들은 늘 나에게 기운을 내라고 말해주었고, 주님께서 마음이 약한 자들을 위로하라고 하신다고 말하며 자기 속도로 지나쳐갔다(살전 5:14). 내가 '습격의 골목'에 이르렀을 때, 그 거인이 나를 만나 싸움을 준비하라고 했다. 그러나 안타깝게도 나는 싸움보다는 강장제가 더 필요한 약한 자였다. 그래서 그는 다가와 나를 붙잡았다. 그러나 나는 그가 나를 죽이지 않을 것이라고 생각했다. 또한 그가 나를 굴속으로 데려갔을 때, 내가 자원해서 그와 함께 가지 않았으므로, 나는 반드시 살아 나올 것이라고 믿었다. 왜냐하면 폭력으로 사로잡힌 순례자가 주님을 향한 마음을 지킨다면, 섭리의 법칙에 따라 원수의 손에 죽임을 당하는 경우는 없다고 들었기 때문이다. 나는 강탈당할 것을 예상했고, 실제로 강탈당했지만, 보다시피 목숨은 건졌다. 이것은 나의 왕 덕분이며, 그 수단이 된 당신들에게도 감사한다. 나는 앞으로도 다른 시련들을 예상한다. 그러나 나는 이렇게 결심했다. 달릴 수

있을 때는 달리고, 달릴 수 없으면 걷고, 걸을 수 없으면 기어가리
라. 중요한 것은, 나를 사랑하시는 그분께 감사드린다는 것이다.
나의 길은 내 앞에 있으며, 나의 마음은 다리가 없는 강 너머에 있
다. 비록 내가 마음이 약한 자일지라도 말이다.”

가련한 영혼입니다. 우리는 그와 같은 사람을 알고 있습니다. 그의
상태를 굳이 설명하거나 모험담을 길게 늘어놓을 필요는 없습니다.
이제 그의 이후 경험으로 넘어갑니다.

순례자들은 가이오의 집에 잠시 머물렀고, ‘마음이 약한 씨’는 조금
살이 올랐습니다. 그들은 영광스러운 특별 집회를 가졌고, ‘위대한 마
음 씨’는 이제 다시 순례 길을 떠날 시간이라고 말했습니다.

“그들이 문을 나설 때, ‘마음이 약한 씨’는 마치 더 머물고 싶어하
는 것처럼 행동하였다. 이를 본 ‘위대한 마음 씨’가 말하였다. ‘마
음이 약한 씨’, 제발 우리와 함께 가십시다. 내가 당신의 안내자가
될 것이며, 당신은 다른 사람들과 똑같이 환영받을 것입니다.’

‘위대한 마음 씨’는 물론 목사를 가리키는 인물인데, ‘마음이 약한
씨’가 순례자 무리를 떠나는 것을 허락하지 않았습니다. 그는 교회에
가입하지 않고 천국에 가고 싶어했지만, 그 교사는 이를 승인할 수 없
었습니다. 그러나 비록 그는 연약했지만, 매우 고상한 마음을 지닌 사
람이었습니다. 더 강한 성격의 사람들은 약간의 농담도 받아넘길 수
있고, 사람들이 어리석게 차려입는 것에도 그다지 신경 쓰지 않으며,
그 문제에 대해 논쟁을 벌이는 것도 견딜 수 있습니다. 그러나 가련한

'마음이 약한 씨'는 이렇게 말했습니다.

"아아! 나는 나에게 맞는 동무를 원하오. 여러분은 모두 건장하고 강하오. 그러나 나는 보시다시피 약하오. 그러므로 나의 많은 연약함으로 인해 나 자신과 여러분 모두에게 짐이 될까 하여 차라리 뒤따르기를 선택하겠소. 나는 앞서 말했듯이, 몸도 마음도 약한 사람이오. 다른 사람들이 견딜 수 있는 정도의 것들에도 나는 상처를 받고 약해지오. 나는 웃음을 좋아하지 않소. 화려한 옷차림도 좋아하지 않소. 무익한 질문도 좋아하지 않소. 아니, 나는 다른 사람들이 자유롭게 할 수 있는 일에도 상처를 받을 만큼 약한 사람이오. 나는 아직 모든 진리를 알지 못하오. 나는 매우 무지한 그리스도인이오. 때때로 누군가 주 안에서 기뻐하는 것을 들으면, 나도 그러지 못해 괴롭소. 나는 마치 강한 자들 가운데 있는 약한 자와 같고, 건강한 자들 가운데 있는 병든 자와 같으며, 멸시받는 등불과 같소. '발이 미끄러지려는 자는 평안한 자의 생각에 멸시받는 등불과 같다'(욥 12:5, KJV 직역)고 하였으니, 나는 어떻게 해야 할지 모르겠소."

"'위대한 마음 씨'가 말하되, '그러나 형제여, 나는 마음이 약한 자를 위로하며 약한 자를 붙들라(살전 5:14)는 사명을 받았소. 그러니 당신은 반드시 우리와 함께 가야 하오. 우리가 당신을 기다리겠소. 우리가 당신을 도와주겠소(롬 14:1). 당신을 위해 의견상이나 실천상 일부를 스스로 포기하겠소(고전 8장). 당신 앞에서는 의심스러운 논쟁에 들어가지 않겠소. 당신이 뒤처지지 않도록, 우리가 모든 면에서 당신에게 맞추겠소(고전 9:22).'"

여기서 주목해야 할 점은, 연약한 자도 교회에 가입해야 한다는 명령과, 교회가 그들을 부드럽게 대해야 한다는 사실입니다.

여기 번연의 멋진 글이 나옵니다.

"그들이 가이오의 문 앞에서 한창 열띤 대화를 나누고 있을 때, '절름발이 씨'가 손에 목발을 짚고(시 38:17) 지나갔다. 그도 순례길을 가는 중이었다.

마음이 약한 씨 : 당신은 어떻게 이곳에 오셨소? 나는 방금 전까지 나에게 맞는 동무가 없다고 불평하던 참이었는데, 당신은 내 바람에 꼭 맞는 분이오. 어서 오시오, 어서 오시오, 절름발이 씨, 나는 당신과 내가 서로 도움이 되기를 바라오.

절름발이 씨 : 당신과 함께하게 되어 기쁘오. 마음이 약한 씨, 우리가 이렇게 만나게 되었으니 헤어지지 맙시다. 내가 내 목발 하나를 당신에게 빌려드리겠소.

마음이 약한 씨 : 아니오, 당신의 호의에 감사하지만, 절름발이가 되기 전까지는 절뚝거릴 생각이 없소. 그렇지만 개를 막는 데는 도움이 될 것 같군요."

이렇게 그는 교회 안에서 마음이 맞는 동무를 찾았습니다. 우리가 먼저 기억해야 할 것은, 어떤 마음이 약한 성도들은 사실 그렇게 유쾌한 사람이 아닐 수 있지만, 그렇다고 그들을 홀대해서는 안 된다는 점입니다. 그들은 크게 즐거운 성격이 아닐 수도 있고, 심지어 다정하지 않을 수도 있습니다. 배움이 적어서, 여러분이 그들에게서 배울 것이 많지 않을 수도 있습니다. 그러나 교회는 이런 이들이 더해지는 것을 주저해서는 안 되며, 오히려 그들이 우리 가운데 오게 된 것을 기뻐해야 합니다. "교회에 가난한 사람들이 많이 들어오고 있다"는 말을 들었는데, 저는 그것이 반갑습니다. 그들은 교제와 영적 특권이 꼭 필요한 사람들이기 때문입니다. 게다가 세상에서 가난한 이들 중 많은 이들이야말로 세상에서 가장 뛰어난 사람들이기도 합니다. '마음이 약한 씨'는 매우 은혜롭고 섬세한 마음을 가진 사람이었습니다. 다른 사람들이 농담을 주고받을 때 그는 그것이 귀에 거슬렸습니다. 다른 사람들이 화려하게 차려입은 것을 보면, 그는 그것이 사도 베드로가 권한 기독교의 단순함과 맞지 않는다고 생각했고, 그로 인해 마음이 아팠습니다. 강한 성도가 아무 해 없이 할 수 있는 일들이 그의 예민한 성품에는 상처가 되었습니다. 그는 다른 사람의 허물을 들춰내고 싶어하지 않았고, 그래서 가능한 한 혼자서 천국을 향해 걸어가려고 했습니다.

저는 '위대한 마음 씨'가 '마음이 약한 씨'에게 교회에 들어오라고 강하게 권하는 것이 마음에 듭니다. '위대한 마음 씨'는 칼과 방패를 가진 강한 사람이었고, 스스로를 지킬 수 없었던 마음이 약한 씨는 그런 보호자가 꼭 필요했습니다. 우리 교회에도 이런 '마음이 약한 사람들'이 필요합니다. 어떤 면에서 볼 때 그들이 그다지 바람직하지 않아 보일 수도 있습니다. 그러나 우리 자신도 결코 바람직한 사람들이 아니었지만, 그리스도께서 우리를 찾으시고 구원하셨습니다. 그러므로 우리는 마음이 약한 이들을 기꺼이 감당할 수 있어야 합니다. 오히려 우리를 가장 많이 시험하는 사람들이 우리에게 가장 큰 유익을 주지 않습니까? 누군가가 우리의 성질을 건드리고, 그로 인해 우리의 속이 얼마나 좋지 않은지를 깨닫게 해줄 때, 그것은 우리에게 유익한 일입니다.

만약 여러분에게 병약한 자녀나 아픈 친구가 있다면, 여러분은 큰 소리를 내지 않고 조용하고 배려 깊게 행동하게 됩니다. 온유함과 부드러움은 바로 이런 학교에서 배웁니다. 약한 성도가 곁에 있는 것은 다른 사람들을 더욱 부드럽게 만드는 데 도움이 됩니다. 교회에 마음이 약한 이들이 있는 것은 좋은 일이며, 또 마음이 약한 이들에게도 교회 안에 있는 것이 분명히 유익합니다.

'위대한 마음 씨'가 이 연약한 동료에게 한 말을 보십시오. 그는 이렇게 말하는 것과 같습니다. "우리는 당신을 기다리겠습니다. 당신이 우리처럼 달릴 수 없다면, 당신의 걸음에 맞추어 걷겠습니다. 우리는 당신을 몰아세우지 않을 것입니다." 그런데 어떤 그리스도인들은 은혜 안에서 놀랍게 성장하여, 모든 사람이 자기 수준에 도달하길 원하며, 한 치라도 못 미치는 것을 못마땅하게 여깁니다. 어떤 사랑받는 하나님의 자녀가 자신의 죄성이나 신앙생활의 시련 때문에 신음하는 것을 들으면, 그를 마치 큰 죄인이라도 되는 듯 바라보지만, 실상 그 시련을 겪는 성도가 허세를 부리는 사람보다 나은 성도일 가능성이 훨씬 높습니다.

허세 부리는 사람은 거친 사내아이와 같고, 그의 옆에는 그보다 열 배는 더 귀한, 연약하고 섬세한 여동생이 있습니다. 여동생은 그처럼 빨리 달릴 수 없지만, 그는 "너도 그렇게 해야 해. 침대에 있으면 안 돼. 왜 항상 아프기만 하니?"라고 말합니다. 그는 그녀가 어쩔 수 없다는 사실을 잊고 있습니다. 기름진 소가 뿔이나 어깨로 여윈 소를 들이

  제19장 '마음이 약한 씨'와 '절름발이 씨'

받고 짓밟는 일이 있어서는 안 됩니다. 주님은 '위대한 마음 씨'가 '마음이 약한 씨'에게 이렇게 말하길 원하십니다. "우리는 당신이 우리만큼 빨리 걷지 못하더라도 기다리겠습니다. 그리고…" 여기 이 부분에 주목해야 합니다. "우리는 당신을 위해 합법적인 일조차도 스스로 포기하겠습니다. 어떤 일들은 당신을 죄에 빠뜨릴 수 있으니, 우리는 그것이 우리에게 아무 해가 되지 않더라도 하지 않겠습니다. 당신이 조금이라도 상처를 받을 수 있는 일이라면 하지 않겠습니다." 모든 것이 내게 합법일지라도, 언제나 유익한 것은 아닙니다.

그 위대하고 온유한 인도자는 말했습니다. "우리는 당신 앞에서 의심스러운 논쟁에 들어가지 않겠습니다." 우리는 당신을 괴롭게 할 뿐인 고차원적인 교리를 설교하지 않을 것입니다. 은혜 안에서의 성장을 돕지 않는 질문들은 잠시 미뤄둘 것입니다. 우리는 어려운 주제는 당신이 없을 때 다루기로 하겠습니다. "우리가 해결해야 할 까다로운 문제가 있지만, 그가 기도 모임에 내려가 있거나 두통 때문에 집에 머무는 동안 이야기합시다. 약한 성도들이 모두 자리를 비울 때까지 이런 일은 논하지 맙시다."

아버지와 어머니가 서로에게 불쾌한 말을 해야 한다면, 다른 사람이 들을 수 없도록 해야 합니다. "아이들이 알아서는 안 됩니다"라고 서로 말하듯이, 교회의 강한 구성원들인 우리도 어떤 까다로운 문제를 논의해야 할 때는 갓 거듭난 성도들 앞에서는 하지 말아야 합니다. "이런 이야기를 하려면 아이들을 모두 다른 방으로 보내야 한다"고 말하듯이, 우리 가운데 언제나 새로 거듭난 영혼들이 있을 것이라 믿는다면, 아예 이러한 의심스러운 논쟁을 피하려고 힘쓰는 편이 낫습니다.

이 이야기에서 참으로 감미로운 대목은 '절름발이 씨'가 목발을 짚고 나타나는 장면입니다. 이제 '절름발이 씨'와 '마음이 약한 씨', 두 분이 있으니 서로 마음 편히 지낼 수 있습니다. 도움을 필요로 하는 연약한 성도들이 교회에 들어오는 것은 당연하며, 교회 안에는 그런 이들이 더 있기 때문에 서로 도울 수 있습니다. '절름발이 씨'가 '마음이 약한 씨'에게 자신의 목발 하나를 빌려주겠다고 한 장면은 참으로 아름답습니다. 그러나 저는 '마음이 약한 씨'가 그 제안을 단호히 거절한 것이 좋습니다. 그는 마음이 약할지라도 절름발이는 아니었기 때문에 "절름발이가 되기 전까지는 절뚝거릴 생각이 없습니다"라고 말한 것입니다.

아마 '절름발이 씨'는 기도문을 사용하는 습관이 있었을 것입니다. 반면, '마음이 약한 씨'는 "형제여, 제 기도는 매우 빈약하지만, 그래도 그것은 제 자신의 말이며 제 마음속 깊은 곳의 표현입니다"라고 말할 수 있었습니다. 그는 '절름발이 씨'가 목발을 쓰는 것을 비난하지 않았지만, 자신은 사용하지 않으려 했습니다. 어떤 사람들은 저에게 "『성경 낭독』과 『해석자의 집』을 출간하신 것처럼, 기도문집도 하나 써주셨으면 합니다"라고 말합니다. 그러나 저는 "제가 기도를 대신 써드릴 수는 없습니다. 양심상 '목발 제조자' 노릇을 할 수 없습니다. 그래도 목발을 짚고 가정에서 기도문을 읽는 것이 전혀 기도하지 않는 것보다 낫습니다"라고 대답합니다.

저는 '마음이 약한 씨'가 스스로를 다잡으며 "아니, 아니, 아직 목발을 쓸 때가 되지 않았습니다. 물론 개를 막는 데는 쓸모가 있을지도 모릅니다. 아마 어느 정도 유용하고, 당신도 목발로 잘 걸어가고 있으니까요"라고 말하는 모습이 좋습니다. 그럼에도 절름발이 씨가 자신의 목발 하나를 기꺼이 빌려주려 한 것은 그의 따뜻한 마음을 보여줍니다. 많은 성도들은 이런저런 '목발'을 가지고 있는데, 발을 온전히 믿지 못하기 때문에 그것들이 도움이 되었으며, 대개는 그 목발을 다른 이들에게 빌려주려고 합니다.

그러니 '절름발이 씨', 목발과 함께 들어오십시오. '마음이 약한 씨'도 모든 연약함과 두려움을 가지고 들어오십시오. 그러면 두 분이 함께 하나님의 일에 대해 의논하게 될 것입니다. 우리는 여러분을 기다릴 것이고, 함께 최종 목적지에 도달할 수만 있다면 과정에서 무엇을 하든 개의치 않을 것입니다.

조금 뒤로 가면, 절망 거인이 죽은 후 절름발이 씨가 목발 하나를 들고 놀라운 방식으로 춤을 추는 장면이 나옵니다. 그리고 강을 건너기 직전, 마음이 약한 씨는 자신의 약한 마음을 '진리의 용사 씨'가 거름더미에 묻어버리도록 남겼고, 절름발이 씨는 목발을 아들에게 유산으로 남겼습니다. 하늘나라에서는 그런 것이 필요 없기 때문입니다.

제가 한 번은 망통에서 올리브 나무 아래 앉아 있을 때, 무리에서 떨어져 길을 잃은 양 한 마리를 보았습니다. 그 양은 혼자였고 돌아갈 길을 몰라서 매애 하고 울고 있었습니다. 잠시 후 휘파람 소리가 나자, 그 양은 소리가 들려온 방향으로 곧장 달려갔습니다. 주님께서는 "내 양은 내 음성을 들으며 나는 그들을 알며 그들은 나를 따르느니라"라고 말씀하십니다. 양들은 주님이 그들에게 휘파람을 불 때 그분의 부르심을 압니다. 저는 형제자매 여러분이 가장 훌륭하게 전해진 새 교리보다, 복음의 휘파람 소리를 더 듣고 싶어하리라 믿습니다. 참된 복음에는 결코 혼동할 수 없는 울림이 있습니다. 그것이 진짜 복음이라면 여러분은 그 소리를 알아보고 "저것이 나의 길이다"라고 말하며, 그 은혜로운 부르심에 응답해 나아갈 것입니다.

　여러분은 목자에게로, 그리고 양 무리 가운데로 가야 합니다. 혼자 있는 양으로 오래 머물지 마십시오. 여러분을 반길 형제들이 있습니다. 장로들도 여러분을 반길 것입니다. 저는 절름발이는 아니지만, 여러분이 다른 방법으로는 갈 수 없다면 목발 한 켤레를 사서라도 함께 가겠습니다. 오히려 제 목발 두 개를 다 빌려드리겠습니다. 저는 그것이 필요 없으니까요. 주 안에서 기뻐하며 그분의 구원의 길을 달려가는 것도 즐겁지만, 마음이 약한 씨와 절름발이 씨를 격려할 수 있다면 그 기쁨은 배가됩니다.

　　　　제19장 '마음이 약한 씨'와 '절름발이 씨'

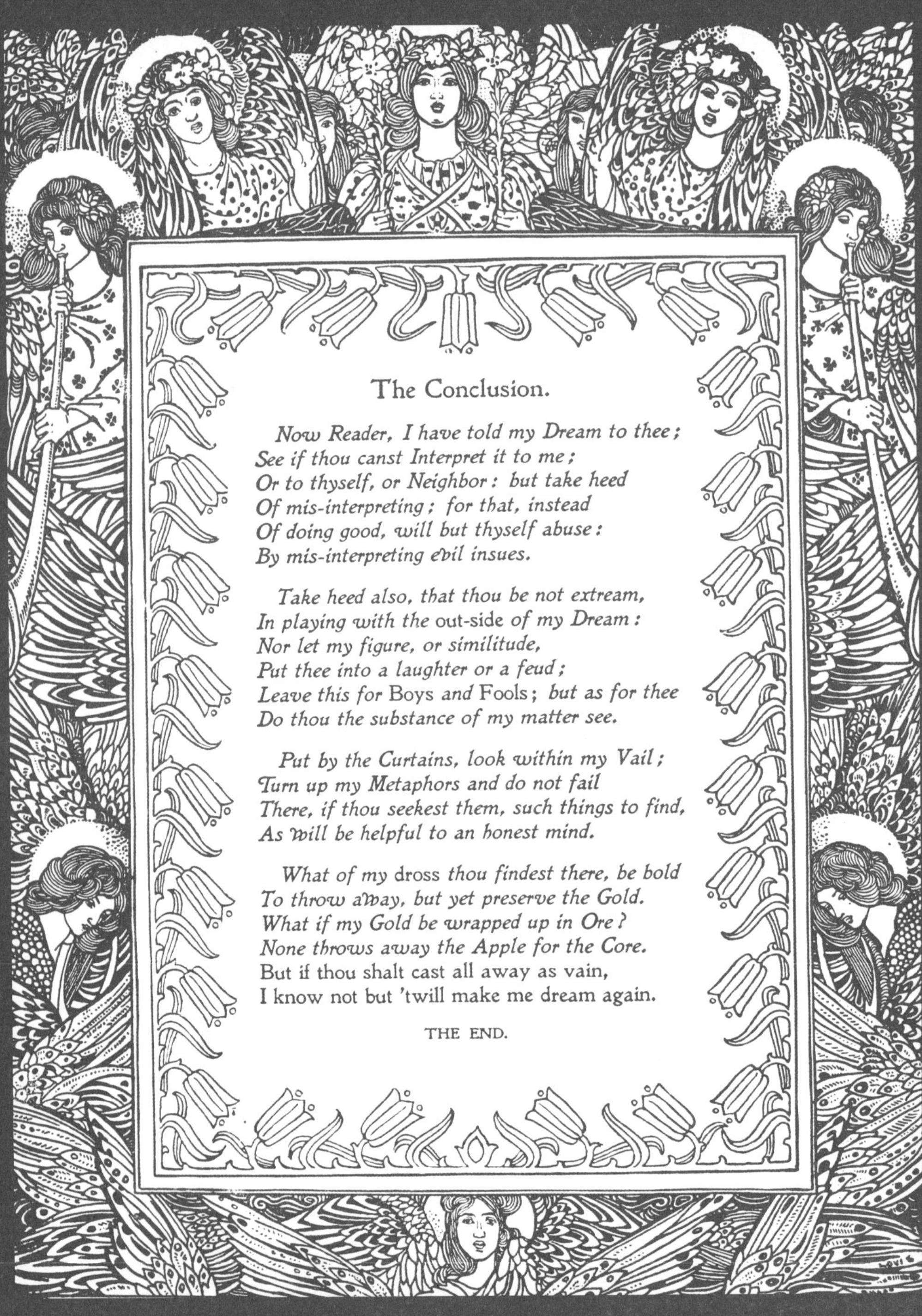

The Conclusion.

Now Reader, I have told my Dream to thee;
See if thou canst Interpret it to me;
Or to thyself, or Neighbor: but take heed
Of mis-interpreting; for that, instead
Of doing good, will but thyself abuse:
By mis-interpreting evil insues.

Take heed also, that thou be not extream,
In playing with the out-side of my Dream:
Nor let my figure, or similitude,
Put thee into a laughter or a feud;
Leave this for Boys and Fools; but as for thee
Do thou the substance of my matter see.

Put by the Curtains, look within my Vail;
Turn up my Metaphors and do not fail
There, if thou seekest them, such things to find,
As will be helpful to an honest mind.

What of my dross thou findest there, be bold
To throw away, but yet preserve the Gold.
What if my Gold be wrapped up in Ore?
None throws away the Apple for the Core.
But if thou shalt cast all away as vain,
I know not but 'twill make me dream again.

THE END.

제20장
크리스티아나, 문과 강가에서

크리스천의 아내 크리스티아나가 순례의 길을 떠났을 때, 그녀는 물론 남편과 같은 문을 지나갔습니다. 이야기는 이렇게 전개됩니다.

"그러므로 나는 크리스티아나와 머시, 그리고 아이들이 모두 함께 문으로 올라가는 것을 보았다. 그들이 거기에 이르자, 문을 두드릴 때 어떻게 해야 할지, 그리고 그 문을 열어주는 분께 무엇을 말해야 할지 짧게 의논하였다. 결국, 크리스티아나가 가장 나이가 많으므로 그녀가 입장을 위해 문을 두드리고, 나머지를 대신해 문지기에게 말을 하기로 결론지었다. 그래서 크리스티아나가 두드리기 시작하였다. 그리고 그녀의 가련한 남편이 그랬던 것처럼, 두드리고 또 두드렸다. 그러나 대답하는 이 대신, 그들 모두는 마치 개가 짖으며 달려오는 듯한 소리를 들었다. 그것도 큰 개였다. 이 때문에 여자들과 아이들은 두려워졌고, 한동안은 혹시 사나운 개가 덤벼들까 봐 감히 더 이상 두드리지 못했다. 이제 그들의 마음은 크게 뒤흔들려 어찌해야 할지 알 수 없었다. 개가 무서워 두드리지 못했고, 문지기가 그들이 돌아가는 것을 보고 노여워할까 두려워 돌아가지도 못했다. 마침내 그들은 다시 두드리기로 하고, 처음보다 더 힘차게 두드렸다. 그러자 문지기가 '누구냐?'라고 물었다. 그러자 개는 짖기를 멈추었고, 그분은 그들에게 문을 열어 주었다."

번연은 힘센 사람의 경험을 이야기할 때는 화살이 그에게 쏘아지는 것으로 묘사합니다. 그러나 여자와 아이들에 대해서는 개가 짖어 대는 것으로 표현합니다. 어떤 소심한 영혼들은 불타는 화살이 날아드는 것과 마찬가지로, 개가 짖는 소리에도 겁을 먹습니다.

하나님은 연약한 자들이 강한 자들만큼 시험당하도록 허락하지 않으십니다. 그들은 불타는 화살을 맞지 않습니다. 대신 사나운 개가 짖어댈 뿐입니다. 제가 어떤 그리스도인의 심한 시험을 묘사할 때, 어떤 분들은 속으로 "나는 그런 경험을 전혀 해본 적이 없어요."라고 말합니다. 서운해하지 말고, 오히려 감사하십시오. 크리스티아나와 머시처럼, 개가 짖는 것만 겪고도 들어올 수 있었다면 기뻐하십시오. 화살은 결코 바람직한 것이 아닙니다. 여러분이 주 예수 그리스도께 나아올 때 겪은 모든 반대가, 물지도 못하는 개의 짖음에 불과했다면, 감사하십시오. 사탄이 방해할 수 없도록 하나님이 그를 막으셨던 것입니다.

그리스도께 나오려는 죄인을 막으려는 세상의 모든 방해는, 개 짖는 소리에 불과합니다. 멀리서 개가 짖는다고 크게 놀랄 이유가 없습니다. 제가 예배당으로 오다가 개 짖는 소리를 듣는다면, 그다지 신경 쓰지 않을 것입니다. 밤에 집에서 개가 짖는다면 잠을 방해할 수는 있어도, 크게 겁을 주지는 않을 것입니다. 중요한 사명을 수행하러 가는 사람은 발뒤꿈치에 대고 짖어대는 작은 개를 만나도, 대수롭게 여기지 않을 것입니다. 마찬가지로, 그리스도께 나아가 그분을 신뢰하는 영혼을 향해 마귀나 사람들이 하는 말은, 개 짖는 소리보다도 두려워할 이유가 없습니다.

그러므로 부탁드립니다. 그것 때문에 마음을 괴롭게 하지 마십시오. 이렇게 마음에 선포하십시오. "그리스도께서 나를 부르신다. 나는 개 짖는 소리에 막혀 멈추지 않겠다. 그리스도께서 나를 부르신다. 나는 하나님의 음성을 듣는다. 나는 하늘의 초청을 받아들인다. 개들이 짖는다면 짖게 두자. 그들의 울부짖음을 잠재우는 달콤한 음악이 내 귀에 울리고 있다."

> *"나는 예수께 가리라,*
> *비록 내 죄가 산처럼 솟았으나,*
> *나는 그분의 뜻을 알기에,*
> *어떤 방해가 있어도 들어가리라."*

이제 순례자들이 문 안으로 들어간 후 어떤 일이 있었는지 들어보시기 바랍니다. 모두 들어갔으나 머시는 바깥에 남겨져, 어떤 이들이 동료들이 평안을 얻은 후에도 여전히 떨며 우는 것처럼, 그렇게 있었습니다. 그러나 머시는 다시 두드렸고, 얼마 후 문지기가 문을 열어 주었으며, 그녀는 들어갈 수 있었고, 모두가 길의 주님으로부터 환영과 용서를 받았습니다.

"그분은 잠시 동안 그들을 아래층 여름 응접실에 머물게 하셨고, 그들은 그곳에서 서로 대화를 나누었다. 그러자 크리스티아나가 이렇게 말하였다.

크리스티아나 : 오 주님, 우리가 여기에 들어오다니 얼마나 기쁜지요!

머시 : 당연히 그러셔야지요. 하지만 그중에서도 제가 가장 기뻐해야 할 이유가 있습니다.

크리스티아나 : 한동안 문 앞에 서 있을 때, 문을 두드려도 아무 반응이 없어서 우리 모든 수고가 헛된 줄 알았어요. 특히 그 흉측한 개가 우리를 향해 심하게 짖었을 때 말이에요.

머시 : 그러나 제게 가장 두려웠던 순간은, 당신이 그분의 은총을 입고 들어간 것을 보고 제가 바깥에 남겨졌을 때였어요. 그때 저는 '두 여자가 함께 맷돌질하다가, 한 사람은 데려감을 당하고, 다른 한 사람은 버려둠을 당한다'(마 14:41)는 말씀이 제게 이루어진 줄 알았어요. 저는 '끝장이다! 끝장이다!'라고 외치고 싶었지만, 간신히 참았어요. 그리고 더 이상 두드리기조차 두려웠어요. 그러나 문 위에 쓰인 글을 보고 용기를 냈고, 두드리지 않으면 죽겠다는 생각에 다시 두드렸어요. 그러나 어떻게 두드렸는지는 말할 수 없어요. 제 영혼이 생사의 기로에서 싸우고 있었으니까요.

크리스티아나 : 정말 어떻게 두드렸는지 모르시나요? 당신의 두드림이 얼마나 간절했던지, 그 소리에 제가 깜짝 놀랐어요. 그렇게 힘찬 두드림은 처음 들었어요. 저는 당신이 폭력으로라도 들어올 줄 알았어요, 아니면 천국을 힘으로 빼앗을 줄 알았죠(마 11:12).

머시 : 아! 제 처지라면 누군들 그렇게 하지 않았겠어요? 당신도 보았듯이, 문이 제 앞에서 닫혔고, 그 근처에는 아주 사나운 개가 있었잖아요. 저처럼 겁 많은 사람이 온 힘을 다해 두드리지 않겠

어요? 그런데, 제 무례함에 대해 주님께서 뭐라고 하셨나요? 저를
노여워하지는 않으셨나요?

크리스티아나 : 그분은 당신의 요란한 두드림을 들으시고 아주 순전
한 미소를 지으셨어요. 제 생각엔 당신이 한 일이 그분을 충분히
기쁘게 했던 것 같아요. 그분이 불쾌해 하신다는 어떤 표시도 보
이지 않으셨거든요. 하지만 제 마음속으로는 왜 그분이 그런 개
를 기르시는지 의아했어요. 그것을 미리 알았다면, 저는 아마 이
런 식으로 감히 들어올 용기가 없었을 거예요. 하지만 이제 우리
는 들어왔고, 저는 진심으로 기뻐요.

머시 : 괜찮으시다면, 다음번에 그분이 내려오시면 왜 그런 더러운
개를 뜰에 두시는지 여쭤볼게요. 기분 나빠하시지 않길 바라면서
요.

아이들 : 그래요, 물어봐요. 그리고 그분께 그 개를 죽이시라고 하
세요. 우리가 여길 떠날 때 물릴까 봐 무섭거든요.”

아이들이 개를 죽이자고 말한 것은, 마치 “하나님이 마귀보다 훨씬
강하시다면 왜 마귀를 죽이지 않으시나요?”라고 묻는 단순한 말과 비
슷합니다. 저도 종종 그런 생각을 해봤지만, 주인의 뜻은 그렇지 않습
니다.

“마침내 그분이 다시 내려오셨고, 머시는 그분 앞에 얼굴을 대고
엎드려 경배하며 말하였다. ‘이제 내 입술의 송아지로 주께 감사
의 제사를 드리오니, 내 주께서 이를 받으소서.’
그분은 그녀에게 ‘평안할지어다, 일어나라’고 말씀하셨다. 그러나

    제20장 크리스티아나, 문과 강가에서

그녀는 계속 얼굴을 땅에 대고 말하였다. '여호와여, 내가 주와 변론할 때 주께서 의로우시지만, 주의 심판들에 관하여 주와 말하게 하소서'(렘 12:1). '어찌하여 주께서는 그토록 사나운 개를 뜰에 두시어, 우리와 같은 여자와 아이들이 그 개를 보고 두려워하여 주의 문에서 도망가게 하시나이까?'"

"그분이 대답하여 말씀하셨다. '그 개는 다른 주인에게 속한 것이며, 다른 사람의 땅 안에 꼭 가두어져 있다. 다만 나의 순례자들만이 그 짖는 소리를 들을 뿐이다. 그 개는 저 멀리 보이는 성에 속하지만, 이곳 성벽 가까이까지 올 수 있다. 그 개는 그 큰 울음소리로 많은 정직한 순례자들을 더 나쁜 데서 더 나은 데로 옮겨놓았다. 물론, 그 주인이 그 개를 두는 것은 나나 내 사람들을 위하는 마음에서가 아니라, 순례자들이 나에게 오지 못하게 하고, 그들이 이 문을 두드리기를 두려워하게 만들려는 의도 때문이다. 때로 그는 탈출하여 내가 사랑하는 자들을 괴롭힌 적도 있다. 나는 지금은 모든 것을 인내하며 참고 있다. 나는 또한 나의 순례자들에게 제때에 도움을 주어, 그들이 그의 권세에 넘겨져 그의 개 같은 본성이 시키는 대로 당하지 않게 한다. 그러나 내 피로 산 자여, 설령 네가 사전에 모든 것을 알았더라도 개를 두려워하여 물러가지는 않았을 것이다. 집집마다 돌아다니는 거지들은, 시혜로 줄 것 같은 적선이라도 놓치지 않으려고, 개의 짖음과 으르렁거림, 심지어 물림까지도 감수한다. 하물며 개—그것도 다른 사람의 뜰에 있는 개, 내가 그 짖음을 순례자들의 유익으로 바꾸는 개—가 어떻게 나에게 오는 자들을 막을 수 있겠느냐? 나는 사자 구원을 구하는 연약한 영혼들이 겪는 시험은 성령께서 주시는 것이 아닙니다. 그것들은 마귀에게서 옵니다. 주님께서 "나는 지금은 모든 것을 인내하며 참고 있다"고 말씀하셨다는 점을 주목해야 합니다. 하나님께서 마귀 자신까지도 참아 주시는 데서 우리는 하나님의 크신 오래 참으심을 봅니다. 또한 주님은 개의 짖음을 순례자들에게 유익이 되도록 바꾸신다고 덧붙이셨습니다. 어떤 이들은 문 앞에 올 때 반쯤 졸면서 오지만, 개가 짖으면 더욱 간절해집니다. "으르렁거리는 마귀가 자고 있는 마귀보다 낫다"는 말이 있습니다. 차라리 두려움과 떨림 가운데 있는 것이 잠든 상태보다 낫습니다. 주님은 사탄의 시험을 다스려, 구원받으러 오는 죄인들의 유익이 되게 하십니다. 그러니 개를 죽이려 하지 말고, 그를 선용해야 합니다. 다만, 연약한 죄인이여, 그를 두려워하지 마십시오. 예수님께 나오십시오, 떨고 있는 자여. 성령께서는 당신이 나아와 예수님을 영원히 당신의 구주로 삼기를 바랍니다. 그러면 개들이 아무리 크게 짖어도 상관없습니다.

이제 우리는 이 놀라운 꿈의 끝으로 넘어가, 크리스티아나와 그녀의 친구들이 강가에 선 모습을 보겠습니다. 뿔라 땅에 거주하는 순례자들은 죽음을 어떻게 생각했을까요? 결코 슬픔의 주제가 아니었습니다. 여기에 하늘나라 국경의 기쁨이 아름답게 묘사되어 있습니다.

"이후에, 나는 그들이 뿔라 땅에 이를 때까지 지켜보았다. 그곳은 해가 밤낮으로 비추는 곳이었다. 거기서, 그들은 피곤하여 잠시 쉬었는데, 그 땅은 순례자들이 자유롭게 지나다닐 수 있는 곳이었고, 그곳에 있는 과수원과 포도원은 천국의 왕께 속한 것이었기 때문에, 그분의 소유물을 마음 놓고 사용할 수 있도록 허락받았다. 그곳에서 잠깐 쉬자 그들은 곧 회복되었다. 그곳에서는 종이 울리고 나팔들이 끊임없이 감미롭게 불려, 잠을 잘 수 없었다. 그러나 그럼에도 불구하고 마치 깊이 잠든 것처럼 충분한 회복을 누렸다. 거리에서 사람들은 '더 많은 순례자들이 마을에 왔다'고 외쳤고, 또 다른 이는 '오늘 많은 이들이 강을 건너 황금문으로 들어갔다'고 대답했다. 또다시 그들은 외쳤다. '지금 빛나는 자들의 무리가 마을에 들어왔다. 이는 더 많은 순례자들이 길 위에 있다는 증거이다. 그들은 여기 와서, 그들이 겪은 모든 슬픔 후에 위로를 기다리고 있다.' 그러자 순례자들은 일어나 이리저리 걸어다녔는데, 그들의 귀는 하늘의 소리로 가득하고, 눈은 천상의 환상으로 기쁨을 누렸다. 그 땅에서는 그들의 마음이나 몸을 불쾌하게 하는 어떤 것도 듣지 못하고, 보지 못하고, 느끼지 못하고, 맡지 못하고, 맛보지 못했다. 다만 그들이 건너야 할 강의 물을 맛보았을 때, 입에 약간 쓴맛이 느껴졌지만, 삼키고 나니 달콤했다."

그들의 큰 기쁨은 다른 순례자들이 자신들이 있는 곳에 도착하는 것과, 매일 누군가가 강을 건너는 것이었습니다. 뿔라 땅에 이른 성도들은 다른 이들이 강을 건너는 소식을 들으며 기뻐해야 합니다. 믿음이 온전하다면, 우리는 왕의 아름다우심을 뵈러 간 사랑하는 이들을 생각하며 기쁨을 누릴 것입니다. "그들은 죽었다"고 애도하는 대신, "그들은 이제 죽음의 권세가 미치지 않는 곳에 있다"고 환호하게 될 것입니다. 우리가 그들을 잃었다고 생각하는 대신, 단지 우리보다 조금 먼저 간 것임을 깨닫게 될 것입니다. 우리도 그 길 위에 있으며, 곧 집에 도착할 것이고, 우리가 그들과 영광 중에 다시 만날 그날은 복된 날이 될 것입니다.

"그들이 이곳에 머물며 좋은 시간이 오기를 기다리고 있을 때, 마을에 소식이 전해졌다. 천성으로부터 심부름꾼이 순례자 크리스천의 아내, 크리스티아나에게 중요한 전갈을 가지고 왔다는 것이었다. 그래서 그녀를 찾았고, 그녀가 있는 집을 발견하였다. 심부름꾼은 그녀에게 편지를 전했는데, 그 내용은 이러했다. '평안하시오, 선한 여인이여! 내가 당신에게 전할 소식은, 주님께서 당신을 부르시고, 당신이 열흘 안에 불멸의 옷을 입고 그분 앞에 서기를 기대하신다는 것이오.'"

"그는 그 편지를 그녀에게 읽어 주었고, 참된 사자임을 증명하는 확실한 표징을 함께 주었는데, 그것은 사랑으로 날이 세워진 화살 하나였다. 그 화살은 부드럽게 그녀의 마음에 들어갔고, 시간이 지나면서 점점 더 큰 효력을 나타내어, 정해진 때가 되자 그녀는 반드시 떠나야만 했다."

그렇습니다. 지금도 순례자들에게는 사랑으로 날이 세워진 화살이 임합니다. 그것은 정해진 날보다 한 달, 혹은 1년, 혹은 더 오래 전에 주어집니다. 주님께서 곧 그들을 부르신다는 소식을 받고, 그들의 영혼은 익어가고, 부드러워집니다.

"크리스티아나는 자기 때가 왔고, 이 일행 가운데서 자신이 가장 먼저 강을 건너게 된 것을 알고, 자기 안내자인 '위대한 마음 씨'를 불러 이 일을 알렸다. 그러자 그는 그 소식을 진심으로 기뻐하며, 사자가 자신에게 왔더라도 기뻤을 것이라고 말했다. 그러자 그녀는 자기 여행을 준비하는 모든 일을 어떻게 해야 할지 조언해 달라고 요청했다. 그는 '이러이러해야 합니다. 그리고 남는 우리는 당신을 강가까지 동행하겠습니다'라고 말했다.

그리고 나서 그녀는 아이들을 불러 축복하며 말했다. '너희 이마에 새겨진 표를 내가 여전히 위로 가운데 읽을 수 있어서 기쁘구나. 너희가 나와 함께 여기에 있고, 옷을 그렇게 흰 상태로 지킨 것을 기쁘게 여긴다.' 마지막으로 그녀는 가진 것 중 적은 것을 가난한 자들에게 남기고, 아들딸들에게 사자가 올 때를 대비해 준비하고 있으라고 명령했다."

크리스티아나는 표징을 받자마자 대부분의 그리스도인들이 하는 것처럼 자기 목사를 불렀습니다. 그의 이름은 '위대한 마음 씨'였는데, 그는 그녀와 가족이 강가에 이를 때까지 순례길을 함께 도왔던 사람입니다. 크리스티아나가 "화살이 내 마음에 들어왔어요"라고 말했을 때, '위대한 마음 씨'가 어떻게 반응했을까요? 함께 앉아 울었을까요? 아닙니다. 그는 "그 소식을 진심으로 기뻐하며, 사자가 자신에게 왔더라도 기뻤을 것"이라고 말했습니다. 저도 '위대한 마음 씨'는 아니지만, 같은 마음으로 말할 수 있습니다. 우리는 그 부르심을 두려워할 것이 아니라, 오히려 사모하며, 우리보다 먼저 사랑하는 주님의 임재로 들어간 이들을 부러워해야 합니다. 그들은 이제 결코 떼어놓고 싶지 않은 품에 머리를 기대고, 영원한 기쁨과 복락을 누리고 있습니다.

크리스티아나는 떠남을 후회하지 않았습니다. 그녀는 자녀들과 모든 친구들, 그리고 순례 동행자들에게 사랑으로 작별 인사를 나누었습니다. 우리의 사랑하는 이들도, 우리 곁에서 떠나라는 부르심을 받을 때, 죽음을 두려워하지 않습니다. 우리가 그들과 함께 앉아 장차 올 세상에 대해 이야기할 때, 그것은 누군가가 안식에 들어갔을 때 함께 기뻐하며, 강 저편에서 다시 만날 것을 확신하는 이들의 대화입니다.

"마침내 크리스티아나가 떠나야 할 날이 가까이 왔다. 길에는 그녀가 여행을 떠나는 모습을 보려고 모인 사람들이 가득했다. 그런데, 강 건너편 둔덕에는 위에서 내려온 말들과 병거들이 가득했는데, 그녀를 성문까지 호송하기 위해 온 것이었다. 그녀는 나와서 강에 들어가, 강가까지 함께 온 이들에게 손짓으로 작별을 고했다. 이 땅에서 그녀의 마지막 말은 '주님, 내가 주님과 함께 있고, 주님을 찬송하러 나아갑니다'였다.

그러자 그녀의 자녀들과 친구들은 자기 자리로 돌아갔다. 크리스티아나를 기다리던 이들이 그녀를 그들의 시야 밖으로 데리고 갔기 때문이다. 그녀는 그리로 가서 부르고, 문 안으로 들어갔으며, 남편 크리스천이 전에 했던 것과 똑같이 기쁨의 모든 의식으로 맞이함을 받았다. 그녀가 떠날 때 자녀들은 울었으나, '위대한 마음 씨'와 '진리를위해용감 씨'는 기쁨으로 잘 조율된 심벌즈과 하프를 연주했다."

　　　　제20장 크리스티아나, 문과 강가에서

그렇다면, 예수 안에서 잠든 우리의 사랑하는 이들에게 하늘에서는 무엇이라 말할까요? 천사들이 그들을 맞이하러 옵니다. 나사로가 죽었을 때, 천사들이 그를 아브라함의 품으로 데려갔습니다. 성도들에게도 같은 일이 일어납니다. 그렇습니다. 천사들은 성도들을 맞이하여 영원한 자리까지 인도합니다. 하나님의 아들들이 영광에 들어올 때, 그들은 슬퍼하지 않습니다. 반짝이는 손을 내밀며 말합니다. "환영하오, 형제여! 환영하오, 자매여! 당신은 오래도록 순례자의 길을 걸어왔소. 이제 영원히 쉬시오. 영원한 집에 온 것을 환영하오!"

하늘의 빛 가운데 있는 성도들은 조금 늦게 오는 이들을 어떻게 맞이할까요? 그들은 분명 기쁨의 환호로 환영할 것입니다. 금빛 거리를 달리며 외칩니다. "더 많은 순례자들이 도착했도다! 더 많은 순례자들이 도착했도다! 더 많은 구속받은 자들이 집에 왔도다!" 주 예수 그리스도께서 미소 지으시며 말씀하십니다. "아버지여, 아버지께서 내게 주신 자들이 나와 함께 있는 것을 감사합니다." 주님은 그들을 환영하십니다. 하나님 아버지도 영광 중에 그들을 맞이하심을 기뻐하십니다.

자녀가 집에 돌아오면 기쁘지 않으십니까? 심지어 짧은 방학 동안이라도 아들딸들이 집에 오면 반기지 않는 사람이 있습니까? 때로는 그들이 우리를 번거롭게 하기도 하지만, 그들은 우리의 자녀이기에 그들의 목소리만큼 달콤한 소리가 없습니다. 하나님께도 마찬가지입니다. 그분께는 자녀들의 목소리보다 아름다운 음악이 없습니다. 그분은 자녀들을 집으로 데려오시는 것을 기뻐하십니다. 이제 다시는 떠나지 않도록 말입니다.

성령님 또한 우리가 잊지 말아야 합니다. 그분은 자신이 새롭게 창조하신 거룩한 영혼들, 오랫동안 함께 씨름하고 역사하신 그 영혼들을 보시는 것을 기뻐하십니다. 장인이 완성된 작품을 보고 기뻐하듯, 성령 하나님도 빛 가운데 있는 성도의 유업에 참여하게 된 이들을 보고 기뻐하십니다.

번연은 이렇게 아름답게 묘사했습니다.

> "정말 장관이었도다. 위쪽 하늘이 말들과 병거, 나팔수와 피리 부는 자, 노래하는 자와 현악기를 연주하는 자들로 가득하여, 순례자들이 올라와서 서로 뒤따라 아름다운 성문으로 들어가는 것을 환영하였도다."

형제자매 여러분, 그리스도 안에 있다면 죽음을 두려워하지 마십시오. 죽음의 순간에 맞는 은혜가 그때 주어질 것입니다.

순례자들이 어떻게 강을 건넜는지 기억하십시오. '굳건 씨'는 이렇게 말했습니다. "물맛은 참으로 입에는 쓰고, 뱃속에는 차갑지만, 내가 가고 있는 곳과 저편에서 나를 기다리는 호송대를 생각하면, 그 생각이 내 마음에 불타는 숯불처럼 느껴지는군요." 그는 또 이렇게 말했습니다. "이 강은 많은 이들에게 공포의 대상이었습니다. 나도 종종 그 생각에 두려워하곤 했습니다. 그러나 지금 나는 편안히 서 있으며, 내 발은 이스라엘이 요단을 건널 때 언약궤를 멘 제사장의 발이 디딘 그곳 위에 서 있습니다."

'절름발이 씨'가 자기 목발을 두고 간 것을 기억하십니까? 수년간 절뚝거리던 친구여, 그것이 기쁘지 않습니까? 그리고 '마음이 약한 씨'는 '진리를위해용감 씨'에게 이렇게 말했습니다. "내 연약한 마음

     제20장 크리스티아나, 문과 강가에서

은 내가 가는 곳에서는 필요 없으니 두고 가겠습니다. 가장 가난한 순례자에게 줄 가치도 없습니다. 그러니 내가 떠나면, 용감 씨, 그것을 거름더미에 묻어주십시오." 또한 '절망 씨'와 그의 딸 '매우두려움 아가씨'는 함께 강을 건넜습니다. '절망 씨'의 마지막 말은 "밤이여, 안녕, 낮이여, 어서 오라."였습니다. '매우두려움 아가씨'는 노래하며 강을 건넜는데, 너무 기쁜 나머지 무슨 말을 하는지 아무도 알아들을 수 없었습니다.

아, 순례자들이 죽음을 맞을 때의 모습은 놀랍습니다! 그들은 살아 있을 때는 떨 수 있으나, 죽을 때는 떨지 않습니다. 가장 약한 자들이 그때는 가장 강해집니다. 저는 순례길에서 많은 이를 도왔는데, 그중에는 '마음이약한 씨'와 '겁쟁이 씨'와 같은 이도 있었습니다. 그들은 길 위에서는 큰 걱정거리였던 이들이었습니다. 그러나 마지막 순간에는 강물이 말라 있거나, 마른 발로 건너거나, 아니면 깊은 곳을 지날지라도 너무도 용감하게 건너는 모습을 보고 깜짝 놀랐습니다. 풀잎에도 걸려 넘어지던 자들이 죽음 앞에서는 산을 오릅니다. 참으로 약하고, 겁 많고, 참새 같은 사람들이 독수리 날개를 얻어 훨훨 날아갑니다.

그러므로 저는 여러분께 권합니다. 사랑하는 이들의 무덤에 갈 때 기쁨의 노래로 가십시오. 눈물이 난다면, 하나님께 대한 감사의 미소로 그 눈물을 빛나게 하여 보석으로 바꾸십시오. 그리고 집으로 돌아가서, 각자 자신의 때가 올 때까지 신뢰하며 기다리십시오.

저는 종종 주일 예배를 마치며 이렇게 말했습니다. 오늘도 다시 이렇게 말하고 싶습니다.

"나에게 남은 것은

사랑하고 노래하는 것뿐,

천사들이 와서

나를 왕께 인도할 때까지 기다리는 것뿐."

 제20장 크리스티아나, 문과 강가에서